dtv

premium

Ausführliche Informationen über
unsere Autoren und Bücher
finden Sie auf unserer Website
www.dtv.de

Robert Pragst

VERURTEILT

Mein Jahr als Strafrichter

Deutscher Taschenbuch Verlag

Von Robert Pragst ist im
Deutschen Taschenbuch Verlag außerdem erschienen:
Auf Bewährung. Mein Jahr als Staatsanwalt
(dtv premium 24903)

MIX
Papier aus verantwortungsvollen Quellen
FSC® C013736
FSC
www.fsc.org

Originalausgabe 2013

Umschlagkonzept: Balk & Brumshagen
Umschlaggestaltung: Helena Schneider
unter Verwendung eines Fotos von
www.mattonimages.de/imagebroker/Jürgen Eis
Satz: Greiner & Reichel, Köln
Druck und Bindung: Kösel, Krugzell
Gedruckt auf säurefreiem, chlorfrei gebleichtem Papier
Printed in Germany · ISBN 978-3-423-24982-9

Vorwort

In einer pluralistischen Welt, die moralische Vorstellungen immer wieder in Frage stellt, rücken die Strafgesetze als bleibender Grundkonsens zunehmend in den Blick der Öffentlichkeit. Es gibt aufsehenerregende Prozesse, hitzige Diskussionen in Zeitungen oder Fernsehsendungen, zum Beispiel über die Zulässigkeit von Absprachen (Deals) über die Strafhöhe. Sich ein eigenes Bild zu machen ist schwierig, da Filmaufnahmen aus den Verhandlungen (richtigerweise) verboten sind und kaum jemand die Zeit hat, den ganzen Tag in einem Gerichtssaal zu verbringen.

Mit diesem Buch möchte ich dem Leser einen realistischen Einblick in die richterliche Tätigkeit geben. Es erzählt, was ich nach einer kurzen Tätigkeit als Betreuungsrichter in meinem Jahr als Strafrichter erlebt und wie ich meine Arbeit gesehen habe. Zugleich werden mehrere Fälle geschildert, wobei der größte (ein Prozess gegen eine Drogenbande) sich wie ein roter Faden durch das ganze Buch zieht. Er ist ein gutes Beispiel dafür, wie unberechenbar und schwer durchführbar Strafprozesse sein können.

Die Drogenlinie

Der Stoff war von ziemlich mieser Qualität. Sedat musste die Nase rümpfen, als er daran dachte, was sie oben in der Wohnung so alles an Zusätzen unter die Drogen mischten. Aber Business blieb Business und die Rendite stieg beträchtlich, wenn sie hundert Gramm Drogen einkauften und daraus zweihundert Gramm für den Verkauf machten. Das war ganz normal, schließlich war Berlin auch Hauptstadt im Strecken. Nirgendwo sonst in Deutschland wurde Heroin von so schlechter Qualität verkauft. Er wusste, dass er nur das letzte Glied in einer Kette von Händlern war, die dem Heroin von seiner Reinheit nahmen, um den Profit zu erhöhen. Es ging bereits bei der Produktion los, in einsamen afghanischen Bergregionen oder dem Dreieck von Thailand, Laos und Myanmar. Überall dort, wo die grünen, unreifen Samenkapseln der Mohnpflanze angezapft und gemolken wurden. Der eingetrocknete Saft musste dann nur noch mit einem Säureanhydrid versetzt werden, und schon hatte man Heroin mit sechzig bis neunzig Prozent Reinheitsgehalt. Bis der Stoff beim Konsumenten ankam, hatte er selten mehr als drei bis zwanzig Prozent Heroinanteil. Zum Strecken nahmen sie alle möglichen billigen Tabletten. Hauptsache weiß und wasserlöslich. Löste sich die Substanz nämlich nicht auf, konnte sie nach dem Spritzen über das Blutsystem in die Lunge geraten und die Kapillaren verstopfen. Das führte dann zum Tod oder schwersten Lungenschäden. Auch Kokain streckten sie natürlich, wobei Sedat meist eine ordentliche Portion Lidocain beigab. Kokain erzeugte nämlich beim Testen auf der Zunge ein betäubendes Gefühl. Blieb es aus, wussten die Kunden sofort, dass es schlechte Qualität war. Lidocain bewirkte eine ähnliche Reaktion.

Gelangweilt schaute er zu, wie Mehmet mit seinem Westhighland-Terrier in dem kleinen Park verschwand. Die schmalen Wege waren von riesigen, ungepflegten Büschen überwachsen und von der Straße kaum einsehbar. Mehmet war in Ordnung. Für zehn Euro Handgeld am Tag und seine kostenlose tägliche Drogenration konnten sie die Wohnung des Hartz-IV-Empfängers als Basis benutzen. Mehmet war ein harmloser Junkie, der keine Einzelheiten des Drogengeschäfts kannte. Sein Gesicht war schmal, die zwei großen, kindlich runden Augen standen in unversöhnlichem Gegensatz zu seinem unrasierten Kinn mit den stoppelartigen Haarbüscheln. Er wirkte irgendwie ruhelos und gehetzt, seine Augen schienen nie stillzustehen. Sedat wusste, dass dahinter nur ein sehr kleines Licht flackerte. Mehmet konnte kaum etwas ausplaudern, sollten sie ihn schnappen. Er machte einen geistig zurückgebliebenen Eindruck, und es dauerte manchmal eine halbe Ewigkeit, bis er auf eine Frage antwortete. Und überhaupt, wer würde schon dem Gefasel eines Drogenabhängigen Glauben schenken? Eine ziemlich geniale Absicherungsmethode, wie Sedat fand. Er hatte zufällig mal mitbekommen, dass ein paar größere Banden in Kreuzberg so vorgingen. Manchmal half Mehmet sogar mit bei kleineren Drogentransporten in den Park, so wie jetzt. Nachschub für die minderjährigen Dealer, die auf den zugewucherten Parkwegen den Stoff an Kunden weitergaben.

Zwei Haltestellen der U-Bahn-Linie 8 lagen direkt am Park, und man konnte schnell über die verschiedenen Ausgänge oder die im Minutentakt einlaufenden U-Bahnen verschwinden. Natürlich war der Drogenhandel hier ein offenes Geheimnis. Sie machten ihre Geschäfte praktisch unter den Augen der Polizei, deren Gebäude direkt an den Park grenzte. Bis jetzt hatten die Polizeibeamten aber keine ernsthaften Anstalten gemacht, sie hier zu vertreiben.

In der Küche von Mehmet wogen und streckten sie das Heroin und Kokain. Dann verpackten sie es in kleine Kügelchen für den Endverbraucher. Schwarze Plastikfolie für Heroin, silberne für Kokain.

Hier wurden auch die Einnahmen gezählt und für die Geldwäsche vorbereitet. Es lief immer besser und seit einiger Zeit hatten sie Tageserlöse von dreitausend bis fünftausend Euro. Sie, das hieß Hamit, Umar, Kemal und er. Sie waren alle Kinder palästinensischer Asylbewerber und kannten sich seit ihrer Jugend.

Die U8 war in Berlin schon lange als Drogenlinie bekannt. Unten im Süden führte die U-Bahn an dem Volkspark Hasenheide und im Norden am Gesundbrunnen vorbei. In beiden Parks florierte der Drogenhandel und dort wurden ganz andere Umsätze gemacht als hier an der Haltestelle mit dem kleinen Park, den sie sich ausgesucht hatten. Aber wie diese beiden großen Parks bot auch der kleine mit seinen Gebüschen und den vielen umliegenden Hinterhöfen hervorragende Verstecke und abgelegene Orte für die Zwischenlagerung der Drogen. Zu bezahlen hatten die Kunden unten auf dem Bahnhof der U8. Dann bekamen sie die Ecke im Park oder den Hinterhof eines Hauses gesagt, wo sie die Drogen erhalten sollten. Sedat hoffte, dass immer mehr

Drogenabhängige den Weg mit der U8 zu ihm finden würden. Zu verlockend war die Idee, sie in großem Stile hierher umzuleiten. So einfach ging das aber nicht. In den großen Parks betrieben gefährliche Clans das Drogengeschäft. Der Markt war abgesteckt. Niemand konnte denen einfach die Abnehmer streitig machen. Sedat wusste das und freute sich über sein kleines, aber lukratives Geschäft mit stetigem, natürlichem Zuwachs. Er musste vorsichtig sein und für die anderen möglichst unauffällig bleiben. Es war klar, dass seine Feinde nicht nur bei der Polizei zu suchen waren.

Er ging kurz in den Park und beobachtete Mehmet noch einen Moment, wie er, scheinbar scherzend ins Gespräch vertieft, bei den Drogendealern an einer Parkbank stehen blieb. Dann klingelte eines seiner Handys und Sedat ging in Richtung Wedding an den parallel zur Brunnenstraße parkenden Autos entlang. Aus einem braunen Opel Astra drang arabische Musik. Die Fensterscheibe der Fahrerseite war einen Spaltbreit heruntergekurbelt. Zwischen Lenkrad und Rückenlehne füllte ein bulliger Typ mit schwarzer Lederjacke beinahe jeden Zentimeter aus. Kurz nachdem Sedat das Fahrzeug passiert hatte, drehte der Fahrer umständlich seinen Oberkörper zur Beifahrerseite und richtete ein Fernglas auf den Park. Ungefähr dorthin, wo Mehmet gerade seinen Hund losband.

Die Ernennung zum Richter

Es war sehr heiß und wir tranken Orangensaft aus Sektgläsern. Früher, erklärte der zuständige Sachbearbeiter von der Senatsverwaltung für Justiz, habe man bei der Richterernennung richtig die Korken knallen lassen. Es wäre ein Unding gewesen, die frischgebackenen Proberichter gleich am ersten Tag in ihr Büro zu schicken. So einen Tag gäbe es schließlich nur einmal im Leben. Einmal sei ein Richter nach so einer »Eröffnungsveranstaltung« auf der Gerichtstreppe ausgerutscht und habe sich ernsthaft verletzt. Der erste Dienstunfall, sozusagen. Wir verzogen schmerzlich das Gesicht. So ein Sturz in den heiligen Hallen der Justiz konnte problemlos über zwanzig oder mehr Steinstufen gehen. Die meisten Berliner Gerichte stammen aus der Zeit um 1900, wobei häufig eine prunkvolle Eingangshalle mit gigantischem Treppenaufgang bereits ein Drittel des Raums einnimmt, was in fast wahnwitzigem Widerspruch zur Tristesse und Schlichtheit der übrigen Gebäudeteile steht. Das wirkt so, als hätte der Architekt nach dem Bau der Treppe den Rest vergessen und ein anderer die unfertige Arbeit übernommen, einer, der einer ganz anderen Schule angehörte und seine Ziele vor allem mit viel geringeren Mitteln verfolgen musste.

Na ja, jetzt bei den knappen Kassen müsse es eben beim Orangensaft bleiben, meinte der Sachbearbeiter. Ohnehin sei das Betrinken vielleicht nicht mehr so zeitgemäß. Er schaute zweifelnd in unsere Gesichter und ich überlegte, ob er den Unabhängigkeitsverlust der Justiz in diesem Punkt nicht auch ein wenig bedauerte.

Wir waren zu fünft und erhielten nun, unter Überwindung von Haushaltssperren und Nutzung verwinkelter Einstellungskorridore, unsere Urkunden. Bei der Ernennung konnte es aufgrund der schwierigen Haushaltslage in Berlin immer wieder zu Verzögerungen kommen. Nach der Wiedervereinigung waren im Westteil der Stadt wichtige Subventionen des Bundes weggefallen, während im Ostteil ein großer Investitionsbedarf entstand, um gleichwertige Lebensverhältnisse zu schaffen. Das Land verschuldete sich bei der Bewältigung dieser Aufgaben schwer und rechnete mit stark steigenden Steuereinnahmen aufgrund eines großen Bevölkerungszuwachses. Immerhin war Berlin nun wieder Hauptstadt. Die Bevölkerungsexplosion blieb jedoch aus, und das Einzige, was wuchs, war der Schuldenberg. Und zwar so gewaltig, dass mancher Berliner schon meinte, nicht mehr der Bär, sondern das australische Riesenkänguru sei nun Berlins Wappentier. Ein liebenswürdiges Wesen, das mit leerem Beutel große Sprünge macht.

Von einem Ausschuss des Abgeordnetenhauses gewählt, sollten wir nun im Namen des Volkes Recht sprechen und führten die Bezeichnung »Richter« bzw. »Richterin«. Ein mindestens dreijähriger Probedienst stand jetzt bevor, den wir in allen möglichen Stationen der Justiz abzuleisten hatten.

Noch ein kurzer Händedruck und wir verteilten uns mit dem ersten schriftlichen Einsatzbefehl in alle Richtungen. Ich hatte mich erst in zwei Stunden beim Direktor des Amtsgerichts Pankow/Weißensee einzufinden und fuhr noch mal kurz nach Hause. Bernd aus Dortmund musste zufällig in meine Richtung, er sollte sich beim Amtsgericht Wedding melden. Ich erklärte ihm den Weg zum Brunnenplatz und erzählte von der schönen Fassade des Amtsgerichts, welche sogar schon in Märchenfilmen zu sehen gewesen war.

Bernd zeigte sich tief beeindruckt und meinte, dass die Zeit der wundersamen Geschichten für das Amtsgericht Wedding jetzt erst anbreche. Nämlich wenn er dort bald seine ersten Urteile verkünden werde. Wir lachten und hatten wohl beide den gleichen Gedanken. Wie würden wir klarkommen als Teil dieser neuen Welt, in der wir nun als Richter ein Stück Gerechtigkeit hochhalten sollten? Richter, waren das nicht diese leicht ergrauten Personen, die in scharfsinniger Art aus ihrer großen Lebenserfahrung und Weisheit heraus die richterlichen Entscheidungen trafen? Verkörperten sie nicht all das, was wir mit Anfang dreißig, nach vier Jahren Studium und zwei Jahren Referendariat nicht zu bieten hatten?

Pünktlich um zwei ließ ich mich beim Direktor des Amtsgerichts anmelden. Er empfing mich in einem größeren Zimmer, das lange keinen Anstrich gesehen hatte, an einem riesigen Schreibtisch. Wir hangelten uns an meinem Lebenslauf entlang. Der Direktor nahm seine Brille ab, betrachtete mich einen Moment und fragte, was ich hier wolle. Ich stockte kurz ob dieser schwierigen Frage, merkte aber schnell, dass er eigentlich keine Antwort erwartete. Geringe Bezahlung, gefrustete Mitarbeiter im nichtrichterlichen Bereich und die Trägheit der Justizmaschinerie wurden dargestellt. »Sagen Sie nicht, ich hätte Sie nicht gewarnt«, hörte ich mehrmals. Ich bekam ein mulmiges Gefühl, erwiderte aber nichts. Hatte ich einen Fehler gemacht?

Mit der geringen Bezahlung war mir drei Wochen vorher schon einmal gedroht worden. Von einem Partner der internationalen Großkanzlei, in der ich kurze Zeit gearbeitet hatte. Er erklärte mir, dass mein Einstiegsgehalt (nach Abzug der überwiegend selbst zu tragenden Krankenversicherungskosten) bei etwas über zweitausend Euro liegen würde. Wenn man an die in dieser Kanzlei üblichen Gehälter dachte, war das tatsächlich nicht gerade viel. Andererseits erinnerten die Arbeitsbedingungen für junge Rechtsanwälte dort aus meiner Sicht ein bisschen an moderne Sklaverei. Natürlich eine freiwillige Unterwerfung, des lieben Geldes wegen. Eine Kollegin hatte kurz vor ihrem Berufsstart in der Kanzlei die große Liebe gefunden. Nach etwa einem Jahr durfte sie ihren ersten Urlaub (zwei Wochen) antreten. Scherzhaft munkelte man, dass sie wegen der langen Arbeitszeiten jetzt überhaupt erst Zeit finde, ihren Freund richtig kennenzulernen. Der Flieger sollte am Sonntagnachmittag gehen und klar war ohnehin, dass sie am Samstag noch im Büro arbeiten musste. Schließlich meinte der für sie zuständige Partner in der Kanzlei, dass sie auch am Sonntag ins Büro kommen und ihre Reisetasche gleich mitbringen solle. Er übernehme dann die Kosten für das Taxi zum Flughafen.

Seine »straffe Personalführung« war unter den jüngeren Anwälten berüchtigt und gefürchtet. Als die Kollegin zwei Wochen später am Montag ins Büro kam, wartete bereits ein hoher Aktenberg auf ihrem Tisch. Alles Akten, zu denen ihr Chef bis zum Mittag angeblich eine Einschätzung brauchte. Natürlich war das unmöglich zu schaffen, und als die ersten Kollegen vorbeischauten, um sich nach dem Urlaub zu erkundigen, stand er schon vor ihrer Tür und wimmelte alle ab, sie sei beschäftigt.

Alle zwei bis drei Wochen fanden Meetings statt und auf einem meinte dieser Partner, dass er für das nächste Wochenende noch die Hilfe eines Rechtsanwaltes benötige und an den Kollegen Merten denke. Der junge Kollege sprang auf und erklärte, dann würde er sofort kündigen, da er bereits die letzten drei Wochenenden durchgearbeitet habe und völlig fertig sei. Ich wusste, dass er der Sohn eines Pfarrers war, und überlegte kurz, ob er sich jetzt vielleicht mit erhobenem Zeigefinger auf das dritte Gebot berufen würde. Aber in einer internationalen Großkanzlei spielte das wohl keine Rolle. Es entstand ein unangenehmes Schweigen und die anderen Rechtsanwälte hatten plötzlich sehr viel zu tun, blätterten in ihren Unterlagen und zogen die Stirn kraus. Schließlich unterbrach ein älterer Partner die Stille. Er meinte wohlwollend, man habe Herrn Merten in letzter Zeit vielleicht »etwas zu sehr gesqueezt«. Der Name einer anderen Rechtsanwältin fiel, die sich nur mit lautem Stöhnen und Augenverdrehen wehrte. Die Spannung wich, und ich vermutete, dass sie in letzter Zeit ein oder mehrere freie Wochenenden gehabt hatte. Der ältere Partner hatte Herrn Merten geholfen. Ihn als »Retter« zu bezeichnen, wäre aber wohl etwas zu viel des Guten gewesen. Auch er war mit Vorsicht zu genießen. Ostern stand vor der Tür und der Junganwalt aus seinem Ressort erzählte mir, letztes Jahr habe er die Feiertage über durchgearbeitet. Ostersonntag und Ostermontag sei es so schön ruhig in der Kanzlei, da könne man mal in Ruhe das Büro aufräumen und ältere offene Vorgänge durchsehen, habe der Kollege ihm zu verstehen gegeben.

Für mich war das alles jedenfalls nichts. Ich wollte im Wesentlichen freie Wochenenden und Ostern musste auch mal Ostern sein – hohes Gehalt hin oder her. Aber da muss sicherlich jeder Jurist selbst seine Wahl treffen. Ich dachte an den Bruder meines Großvaters. Als der seiner Frau erklärte, er wolle Richter werden, regte sie sich wegen der Gehaltseinbußen mächtig auf. Er hatte einen gut bezahlten Job in einem Wirtschaftsunternehmen und sie meinte, die beiden Kinder müssten ja auch versorgt werden. Er blieb stur und erklärte, dass der Gürtel einfach etwas enger geschnallt werden müsse. Das Dienstmädchen wurde entlassen. Das war Anfang der Dreißigerjahre und seine Frau hatte nun mit Haushalt und zwei Kindern deutlich mehr zu tun. Ihr Mann aber war glücklich und verließ jeden Morgen fröhlich pfeifend mit schlenkernder Aktentasche das Haus. Vielleicht imponierte ihm am Richterberuf genau wie mir diese Unabhängigkeit im Denken und Handeln. Nicht den Willen irgendeines Vorgesetzten umsetzen oder die Profitinteressen eines Unternehmens verfolgen müssen, sondern einfach nur möglichst gerecht entscheiden. Das schien mir eine sehr schöne und auch gesellschaftlich anerkannte Aufgabe zu sein.

Als hätte der Direktor des Amtsgerichts meine Gedanken erraten, beendete er seine Ausführungen zu den negativen Seiten des Richterberufs und erinnerte mich daran, von jetzt an meine Entscheidungen allein nach bestem Wissen und Gewissen, nur an Recht und Gesetz orientiert, zu treffen. Mir habe niemand dreinzureden und ich dürfe mich von keiner Kraft unter Druck setzen lassen. Das entsprach im Wesentlichen dem Eid, den ich wenige Tage später, wie jeder Richter in Deutschland, ablegte.

Schließlich eröffnete er mir, dass ich im Dienstgebäude Pankow eine Abteilung für Betreuungsrecht übernehmen solle. Es klang irgendwie nach einem Geständnis und ich fragte vorsichtig nach, was denn da anstehe. Der Direktor winkte nur ab. Es sei ganz furchtbar, eine Katastrophe. Lauter Geisteskranke und so. Er habe versucht, mir eine Abteilung für Wohnungseigentumssachen zu geben. Aber das Präsidium – gewählte Richter eines Amtsgerichts, die für die interne Geschäftsverteilung zuständig sind – habe ihn überstimmt.

Ich hörte dem Direktor genau zu, verstand aber wenig. Sollte ich jetzt mit meinem Schicksal hadern? Ein Neuanfang wäre es ja in jedem Fall, da ich weder vom Betreuungs- noch vom Wohnungseigentumsrecht wirklich Ahnung hatte, dachte ich und entspannte mich. Beides sind nur Randgebiete der juristischen Ausbildung.

Ich schüttelte die Hände mehrerer Verwaltungsmitarbeiter und wurde dann zum Dienstgebäude Pankow gefahren. Hier wurden nur familienrechtliche Fälle verhandelt und es gab zweieinhalb Betreuungsabteilungen.* Ich wurde jedem anwesenden Richter und Rechtspfleger vorgestellt, was sehr nett, aber auch ermüdend war. Hinterher wusste ich keinen einzigen Namen mehr. Gegen 17 Uhr stand ich dann allein vor meinem Dienstzimmer. Es lag in einem neuen Anbau, und ich sollte mich später noch nach der sehr guten Ausstattung zurücksehnen. Drinnen begrüßte mich Tobias. Er war Proberichter im dritten Jahr und vermutlich fast zwei Meter groß. Wir verständigten uns schnell auf ein Du. Mit einem Lächeln auf dem Gesicht wies er auf ganz beachtliche Aktenstapel, die auf einem kleinen Beistelltisch und zum Teil auch unter dem Fensterbrett lagen: »Das sind jetzt alles

* Was dem Arbeitspensum von 2,5 Richterstellen entspricht.

deine Akten, ich habe hier nur auf dich gewartet.« Er griff sich einen Kasten mit Mineralwasserflaschen, das Letzte, wofür er in diesem Zimmer noch zuständig war. Ein Gefühl leichter Panik ergriff mich. Instinktiv wollte ich protestieren und ihm die Akten zuschieben, von deren Inhalt ich genauso wenig wusste wie von der Art ihrer Bearbeitung. Aber das war natürlich Quatsch. Tobias konnte sich offensichtlich noch gut an seinen eigenen Sprung ins kalte Wasser erinnern: »Hör zu, ich habe vom Präsidium eine Woche Zeit bekommen, mich auf meine neue Tätigkeit als Familienrichter etwas vorzubereiten. Ich kann aber mit dir die Akten von heute durchgehen. Pass genau auf, dann hast du schon eine ganze Menge gelernt. So wild ist das alles nicht. Ich bring nur noch schnell den Getränkekasten in mein neues Zimmer.«

Mit einem Gefühl von Dankbarkeit und Furcht wartete ich auf seine Rückkehr. Dankbarkeit, weil er mir helfen wollte, obwohl die Einarbeitung ins Familienrecht binnen einer Woche bestimmt auch kein Zuckerschlecken war. Die Befürchtung bestand darin, ob er wirklich zurückkommen würde. Was, wenn er sein Versprechen vergessen oder aufgehalten würde, graute es mir, während mein Blick über die Aktenstapel wanderte.

Zwielichtige Geschäftspartner

Sie waren nicht ohne Grund ins Drogengeschäft eingestiegen. Alle vier kannten die engen Wände der Asylantenwohnheime und sahen zu Hause die Erwachsenen, wie sie tatenlos, ohne Arbeitserlaubnis, vor den Fernsehern saßen. Sie selbst hätten natürlich arbeiten gehen können. Die Gesetze waren zu ihren Gunsten verändert worden. Aber keiner von ihnen konnte besonders gut Deutsch und welche Jobangebote gab es schon für junge Araber ohne bessere Schulbildung? Nein, ihre Vorbilder sahen anders aus. Es gab sehr reiche Männer in den palästinensischen Clans. Schwarze Mercedes-Limousinen, schöne Mädchen an der Seite und immer ein dickes Geldbündel in der Tasche. Genaueres war ihnen natürlich nicht bekannt, aber keiner von denen arbeitete legal.

War es da nicht normal, auch einen Teil vom Kuchen abhaben zu wollen? Mit Mitte zwanzig fühlten sie sich im besten Alter. Nun sollte ihre Stunde schlagen. Eines Abends, während eines Besuchs bei Hamit, fassten sie den Entschluss. Hamit wohnte damals, wie sie alle, noch bei den Eltern. Sie wollten ganz groß einsteigen und ihr Glück selbst in die Hand nehmen. Es ging natürlich um Drogenhandel. Nichts kannten sie besser und von keinem Geschäft verstanden sie mehr als davon. Schließlich war das bereits seit frühester Jugend die einzige Möglichkeit, ein ordentliches Taschengeld zu verdienen. Von den Eltern bekamen sie nichts, und für Markenturnschuhe, Kinobesuche etc. brauchten sie Geld.

Hamit hatte den Kontakt zu den Drogenlieferanten geknüpft. Über einen Verwandten seines Onkels. Dieser hatte sie gewarnt. Denn mit diesen Leuten war nicht zu spaßen. Hamit und Sedat gingen dann zu einem Treffen im untersten Geschoss einer Tiefgarage. Sie durften nur zu zweit sein. Die Lieferanten waren zu viert, hatten dunkle Anzüge an und trugen trotz des schlechten Lichts große Sonnenbrillen. Die Preise wurden verhandelt und die erste Lieferung ging zur Hälfte auf Kommission. Einer hatte schließlich die Brille abgenommen und seinen Mantel ein wenig zurückgeschlagen. Er war vielleicht Anfang vierzig, kräftig gebaut und erklärte ihnen, dass sie nur Fliegendreck seien und sich bloß nichts einbilden sollten. Der offene Trenchcoat gab den Blick auf den Griff einer kleinen Maschinenpistole frei. Vielleicht eine israelische Uzi, meinte Hamit später. Der Mann zog an einer Zigarette, während sein Blick Sedat festhielt. Es waren die dunklen Augen eines gefährlichen Killers, der jede Bewegung seines Opfers verfolgt und jeden möglichen Schlupfwinkel im Voraus erkennt. Sedat fröstelte, während er spürte, wie ein Gefühl von Panik in ihm hochkam.

Das bärtige Gesicht seines Gegenübers verzog sich zu einem abfälligen Grinsen. Es komme häufiger vor, dass kleinere Drogenhändler geschnappt würden, erklärte er. Die Zigarette flog in hohem Bogen in eine Ecke. Die Strafen seien in Deutschland ja lachhaft und das Gefängnis fast ein Paradies. Mit ihnen, er zeigte auf seine Männer, habe das aber nichts zu tun. Jede Lieferung müsse bezahlt werden, auch wenn sie bei der Polizei lande. Bei den Übergaben wollten sie nur Hamit und Sedat sehen. Manchmal seien solche Geschäftsbeziehungen nur von sehr kurzer Dauer, meinte der Lieferant. Neulich hätten sie mit zwei Jungs aus Neukölln zu tun gehabt, die einfach zu gesprächig waren, in Bars mit Geld um sich warfen und mit ihren Beziehungen zur Drogenmafia prahlten. Eines Tages seien sie dann einfach verschwunden gewesen. Wie vom Erdboden verschluckt. Vielleicht in ihre Heimat zurückgekehrt? Sedat und Hamit mussten ausdrücklich bestätigen, dass sie verstanden hatten. Auf dem Rückweg besprachen sie sich. Umar und Kemal würden die gleichen Anteile vom Gewinn bekommen. Die Geschäfte mit den Drogenlieferanten würden sie aber ausschließlich selbst abwickeln. Die Lieferanten wollten ohnehin keine anderen Gesichter sehen, und je weniger Umar und Kemal über die Einzelheiten wussten, desto sicherer erschien das Geschäft. Das Risiko war ihnen einfach zu groß. Schließlich hafteten sie mit ihrem Leben.

Schwere Entscheidung

Tobias kam natürlich zurück und wir gingen ein paar Akten durch. Er erklärte etwas, schrieb eine kurze Verfügung oder füllte ein Formular aus. Rums! Wieder landete eine Akte auf dem Abtrag, einem kleinen Schränkchen, auf dem die bearbeiteten Akten abzulegen waren. Akte um Akte erhöhte sich da der Stapel mit einer Geschwindigkeit, die mich erleichterte. Inhaltlich bekam ich aber leider nicht viel mit, meine Konzentration hatte jetzt, gegen 19 Uhr, deutlich nachgelassen. Immerhin begriff ich, dass es bei den meisten Vorgängen um Betreuungsfälle ging, also um Volljährige, die aufgrund einer psychischen Erkrankung oder Behinderung ihre Angelegenheiten nicht mehr selbst regeln konnten. Gemeint ist nicht das Pflegebedürfnis bei täglichen Verrichtungen, sondern die Hilfe bezieht sich auf die Abwicklung von Rechtsgeschäften, die Einwilligung in Heilbehandlungen, Aufenthaltsbestimmungsfragen und Ähnliches. Diese Menschen brauchen einen Betreuer, den das Gericht bestellt, es sei denn, der Betroffene hat noch im Zustand der Geschäftsfähigkeit eine andere Person mit der Wahrnehmung seiner Interessen bevollmächtigt.

Tobias verabschiedete sich mit den für mich schmerzlichen Worten, morgen (Dienstag) habe er keine Zeit für mich, da er einem Familienrichter während der Sitzung und danach bei der Aktenbearbeitung über die Schulter schauen wolle. Mittwoch könne er mir wieder helfen. Ich solle bis dahin schon mal was »versuchen« und vielleicht bei den beiden anderen Kollegen anfragen. »Ach richtig«, fiel ihm, schon an der Tür, wieder ein, »da ist noch diese etwas komplizierte Akte.« Er ging noch einmal zu dem Stapel unter dem Fensterbrett und zog eine Akte heraus, die er mir auf den Tisch legte. »Schau dir die doch einfach mal in Ruhe beim Frühstück durch. Ich weiß auch noch nicht genau, wie man da am besten weitermacht.«

Ich nahm die Akte mit nach Hause und begann darin zu lesen. Es ging um einen älteren Mann, dessen Ehefrau als Betreuerin eingesetzt war. Er hatte einen Schlaganfall erlitten und war ins Koma gefallen. Schließlich wachte er wieder auf, reagierte aber in keiner Weise auf seine Umwelt und musste über eine Magensonde ernährt werden. Er lag in seinem Krankenbett und starrte vor sich hin. Das ging nun schon seit drei Jahren so. Sein körperlicher Zustand war durch die künstliche Ernährung noch hinreichend stabil, verschlechterte sich aber zusehends. Die Ärzte meinten, eine Besserung sei nicht mehr zu erwarten, wahrscheinlich sterbe er innerhalb der nächsten sechs Monate. Wie seine Frau glaubten sie nicht, dass in dem Kopf des Mannes noch irgendetwas vor sich ging und er eine Ahnung davon habe, was um ihn herum passierte. Seine Frau hatte sich an die Stiftung einer berühmten Schauspielerin gewandt, die für humane Sterbebegleitung eintrat. Jetzt schrieb sie mir, dass ihr Mann nicht weiter leiden solle, dieser Zustand sei menschenunwürdig. Im Endeffekt wollte sie, dass ich den Ärzten befahl, die Ernährung mit der Magensonde einzustellen.

Jetzt, nach mehreren Jahren der Richtertätigkeit, kann ich sagen, dass mir schon an meinem allerersten Tag eine der wohl schwerwiegendsten Entscheidungen angetragen wurde, über die Richter in Deutschland zu befinden haben. Wie konnte die Frau erwarten, dass ich hier Herr über Leben und Tod spielen würde?

Tobias hatte bereits einige Urteile kopiert und hinten in den Aktendeckel gelegt. Ein paar Gerichte lehnten eine Zuständigkeit des Betreuungsgerichts generell ab, andere bejahten sie, stellten aber ganz unterschiedliche Voraussetzungen für ein Verfahren auf, an dessen Ende der Richter den Abbruch lebensverlängernder Maßnahmen genehmigen kann. Eine Entscheidung des Bundesgerichtshofs gab es zu dieser Frage noch nicht, der Gesetzgeber hatte das Problem gesehen, bislang jedoch keine Regelung gefunden. Ich würde die Sache am Mittwoch mit Tobias besprechen. Hoffentlich konnte er mir irgendwie weiterhelfen.

Am nächsten Tag erschien ich gegen acht Uhr in meinem Büro und lernte wenig später Dirk kennen. Er saß im Zimmer links von mir und arbeitete gleichfalls in einer Betreuungsabteilung. Zu meinem Entsetzen verfügte er nur über einen geringen Informationsvorsprung, denn er hatte genau zwölf Tage vor mir angefangen. Zudem hatte Dirk sich auch schon ganz tief in Aktenstapeln verstrickt und eigentlich keine Zeit, irgendetwas zu erklären. Die Familienrichter zu fragen, brachte wenig, da sie mit der Materie nicht vertraut waren. Tobias wiederum war mit dem Einstieg ins Familienrecht vollauf beschäftigt und selbst auf Hilfe angewiesen, und so blieb nur noch Moritz, der seine Zeit zwischen Familien- und Betreuungsgericht aufteilte. Im Stile wahrer Qualitätsmanager stellten Dirk und ich fest, dass wir vorsichtig mit ihm umgehen mussten. Wir durften ihn nicht wegen jeder Akte fragen, sonst würde er seine eigene Arbeit nicht schaffen und uns vielleicht irgendwann zurückweisen. Zunächst würde ich selbst etwas versuchen und dann auf das rudimentäre Wissen von Dirk zurückgreifen. Nur wenn das nichts half, durfte Moritz gefragt werden. Und zwar alle Fragen eines Tages in einem Zeitfenster von circa fünfundvierzig Minuten. Diese Zeit hatten wir Moritz abgerungen. Bald stellte sich heraus, dass er an bestimmten Wochentagen nicht zu erreichen war und dafür öfter mal samstags oder sonntags im Gericht arbeitete, weil es da »so schön ruhig« war. Wir hatten keine Wahl und würden nun wie zufällig auch häufiger am Wochenende im Gericht herumhängen, um »in Ruhe« fragen zu können. Am liebsten hätten wir einen Bewegungsmelder mit stummem Alarm in seinem Zimmer installiert.

Masut plant den Coup

Masut und Ismail trafen sich mit zwei weiteren Polizeibeamten im Pausenraum der Dienststelle, die an den kleinen Park grenzte. Beide waren sogenannte Kontaktbeamte, aufgrund ihrer arabischen Herkunft verfügten sie über entsprechende Sprachkenntnisse und verkehrten offiziell in den palästinensischen Großfamilien. Man erhoffte sich so mehr Informationen, ein wenig verbrechensvorbeugende Wirkung und vielleicht auch ein Stück weit Akzeptanz gegenüber der Berliner Polizei. Diese Familienclans waren eines ihrer größten Probleme, ein Dauerbrenner. Als Kontaktbeamter zu arbeiten, hieß aber nicht, von den sonstigen Polizeiaufgaben entbunden zu sein. Es gab ständig viel zu tun für die chronisch unterbesetzte Polizei.

»Und wie stellst du dir das vor?«, fragte Michael, einer der beiden deutschstämmigen Polizeibeamten, während er ein paar Bilder betrachtete, die Kollegen des Sondereinsatzkommandos aufgenommen hatten. Es ging wieder mal um »die Tür des Monats«. Zu sehen waren die Überreste einer völlig zerfetzten Wohnungstür, die noch irgendwie am Rahmen hingen. Michael lächelte. Die vom SEK hatten wieder ganze Arbeit geleistet. Beim Erstürmen einer Wohnung fiel häufig die ganze Tür einfach nach innen. Manchmal gab es auch heftige Verletzungen, wenn ein Beschuldigter Geräusche im Hausflur gehört hatte und unglücklicherweise im falschen Moment durch den Spion schauen wollte. Und dann unter der Tür landete. Die Fotos von den am stärksten demolierten Türen wurden zur »Wahl« unter den Kollegen ausgetauscht.

Masut schüttete den Rest seines Kaffees in den Ausguss. Die kleine Küchenanrichte schien für einen kurzen Augenblick vollständig hinter seinem breiten Rücken zu verschwinden. Er erklärte den anderen, was er über die Bande im U-Bahnhof herausgefunden hatte. Vor einiger Zeit war er auf einen jungen Araber aufmerksam geworden, Mehmet, der mit seinem Hund häufiger in den U-Bahnhof ging, merkwürdigerweise ohne je mitzufahren. Außerdem hing er ständig bei den minderjährigen Drogendealern im Park herum. Zu kurz, um dazuzugehören, aber zu lang, um ein Kunde zu sein. Die verdufteten in der Regel sehr schnell, nachdem sie ihre Ware bekommen hatten. Irgendwie ein merkwürdiges Bild, hatte er gedacht und Mehmet beobachtet. Er wohnte in einem nahe gelegenen Haus in der siebten Etage. Ihm fielen ein paar Araber auf, die häufig zwischen Haus, U-Bahn und dem kleinen Park hin und her pendelten. Im Treppenhaus hatte er schließlich einen günstigen Beobachtungsposten gefunden. Mehmets Wohnung war frequentiert wie ein kleiner Taubenschlag. Und da war ihm die Idee gekommen.

Man müsste Mehmet gleich nach dem Gassigehen überraschen. In dem Moment, in dem er die Wohnungstür öffnete, müssten sie losschlagen, ihn in die Wohnung drängen und die Tür wieder schließen. Danach würden sie einen Besucher nach dem anderen festnehmen. Masut rechnete vor, dass sie zunächst zu acht sein müssten. Zwei Posten vor dem Haus, die Signal gaben, wenn Drogendealer ins

Haus gingen, und gleichzeitig Vorder- und Hintereingang bewachten. Die anderen sechs sollten in der Wohnung postiert werden und sich um die Festnahmen kümmern. Für den Abtransport würde man von einer anderen Direktion Verstärkung anfordern.

Michael war weniger begeistert: »So viele Leute kriegst du nie bewilligt. Das sind doch bloß ein paar Drogendealer im Park. Kleine Fische. Und morgen stehen wieder andere da.«

»Nein, nein«, erwiderte Masut aufgeregt: »Das ist was Größeres. Die Wohnung ist ein Umschlagplatz für Drogen. Da können wir eine ganze Bande hochnehmen.«

Michael zuckte die Schultern: »Wenn das abgesegnet wird und du dich um den Papierkram kümmerst, von mir aus.«

Genügend Leute für so einen Großeinsatz bewilligt zu bekommen war schwer. Darüber hatten Masut und Ismail auch schon nachgedacht. Die Polizeidienststellen verfügten über so wenig Personal, das konnte man gar keinem erzählen.

Ismail schaltete sich ein: »Wir kümmern uns um alles. Es soll nächsten Dienstag laufen. Bis dahin werden wir das Haus auskundschaften und euch am Dienstag erst dann hinzuholen, wenn es losgeht und der Typ schon seinen Hund spazieren führt. Ihr gehört zu denen, die mit in die Wohnung kommen.«

Masut rieb sich die Hände, während die anderen den Pausenraum verließen. Das würde eine schöne Ausbeute geben. Er hatte da so seine Informanten. Jedenfalls war es sinnvoller, als die Minderjährigen im Park festzunehmen. Zum Teil handelte es sich sogar um strafunmündige Kinder unter vierzehn Jahren. Die würden natürlich sofort versuchen wegzurennen und vielleicht sogar ihre »Kügelchen« verschlucken. Manchmal platzten dann ein oder zwei davon im Magen, was binnen Kürze zum Tode führen konnte. Das Heroin oder Kokain wurde in Plastikfolie eingerollt und dann zugeklebt. Dem Plastikmaterial konnte der Magen nichts anhaben, aber hin und wieder öffneten sich die Päckchen, weil der verwendete Kleber wasserlöslich war oder aufgrund der natürlichen Magen-Darm-Bewegung. Zwar gab es Methoden, diese Päckchen ganz schnell wieder an die Luft zu befördern. Aber gerade bei Minderjährigen war das alles sehr unschön. Die Presse würde über sie herfallen. Sehr unangenehm. Vor zwei Wochen war in Hamburg nach einer Drogenrazzia ein Vierzehnjähriger gestorben. Sie hatten ihm Brechmittel verabreicht und durch einen Vagusreiz im Hals war es zum Herzstillstand gekommen.

Ein Polizeipräsident wehrt sich

Jeder gerichtliche Betreuungsvorgang wird damit eingeleitet, dass irgendjemand für einen Volljährigen beim Gericht ein entsprechendes Verfahren anregt: der Volljährige selbst, seine Familienangehörigen, Nachbarn oder auch das zuständige Bezirksamt. Jeden Tag gab es mindestens einen neuen Antrag. Einen meiner ersten Fälle zeigte eine Rechtspflegerin vom Grundbuchamt in Weißensee an. Walter P. hatte ihr eine 48-Stunden-Frist für die Eintragung eines Eigentümerwechsels bei einem Grundstück gesetzt. Danach müsse er sie »notfalls mit Gewalt« dazu zwingen. Die Akte enthielt die Anregung der Betreuung durch die Rechtspflegerin (eine Seite Text) sowie eine Kopie des Schreibens des Betroffenen und ich gewann den Anfangsverdacht, dass der »Antragsteller« dieses Grundbuchverfahrens seine Rechte aufgrund irgendeiner geistigen Verwirrung nicht mehr in adäquater Weise selbst wahrnehmen konnte. Mehr bedarf es nicht, um ein Betreuungsverfahren in Gang zu setzen.

In einer einleitenden Verfügung wird dem Betroffenen rechtliches Gehör gewährt (sofern er die Betreuung nicht selbst beantragt hat), die Betreuungsbehörde wird um Stellungnahme und Benennung eines geeigneten Betreuers gebeten. Vorrangig versucht man, Familienangehörige für dieses Amt zu gewinnen. Häufig kommt dies mangels Verwandter oder wegen großer räumlicher Entfernung nicht in

Betracht. Dann wird ein Berufsbetreuer vorgeschlagen, der die Aufgabe gegen Bezahlung übernimmt. Hat der Betroffene kein Geld, was häufig der Fall ist, muss der Staat dafür herhalten. Ein riesiger Anteil jedes Justizhaushalts. Schließlich wird ein psychiatrisches Gutachten in Auftrag gegeben, in dem auch der Umfang der Betreuungsbedürftigkeit festgehalten wird.

Die Akte von Walter P. verschwand mit nunmehr vier Seiten in der Geschäftsstelle, wo meine Verfügungen ausgeführt wurden. Als ich sie zwei Tage später wieder sah, hatte sie schon einen Umfang von knapp fünfzig Blättern. Von fast allen Berliner Amtsgerichten waren Sachstandsanfragen eingegangen, der Betroffene hatte bereits einen Befangenheitsantrag gegen mich gestellt und außerdem eine Dienstaufsichtsbeschwerde eingelegt. Mit einem Vertreter saß er nun vor meiner Geschäftsstelle und begehrte Akteneinsicht. Wie sich zeigte, gehörte er zu einem exklusiven Zirkel gerichtsbekannter Personen, die herausgefunden hatten, dass das Deutsche Reich nach 1945 nie richtig aufgelöst worden war. Potsdamer Abkommen, Gründung der Bundesrepublik, Grundgesetz, Einheitsvertrag: Alles war unwirksam und jegliche Form staatlicher Autorität deshalb abzulehnen. Es handelte sich lediglich um »Scheinregierungen, Scheingesetze und Scheinrichter«. Da sonst kaum jemand bereit war, die wahre Rechtslage zu akzeptieren, mussten die vielen Ämter unter den wenigen »Wissenden« verteilt werden. Walter P. hatte dem Akteneinsichtsgesuch eine Kopie seines grünen Dienstausweises beigefügt. Er war der Polizeipräsident von München. Versehen mit einem Legitimationsnachweis, der bis zur Weimarer Reichsverfassung zurückreichte.

Es war nicht verwunderlich, dass Walter P. mit seinen

Anträgen bei fast jeder Behörde Probleme machte oder zumindest ungewollt auslöste. Ich sah die Akte lange nicht wieder, weil er es sich zur Angewohnheit gemacht hatte, jede Gerichtsperson abzulehnen und entsprechende Dienstaufsichtsbeschwerden einzureichen.

Am Donnerstag fand ich schließlich Gelegenheit, mit Tobias über den Fall mit der Magensonde zu reden. Er meinte, der Abbruch lebenserhaltender Maßnahmen sei zwar umstritten, aber letztlich sei tatsächlich das Betreuungsgericht zuständig. Man könne schließlich dem Betreuer nicht die gesamte Verantwortung für eine so schwerwiegende Entscheidung aufbürden. »Und deshalb soll ich es jetzt verantworten?«, erwiderte ich. Tobias nickte und meinte, er würde schon Gründe finden, um den Abbruch lebenserhaltender Maßnahmen abzulehnen. Sollte doch das Beschwerdegericht diese Maßnahme anordnen. Zum einen sei der Tod des Komapatienten erst in circa sechs Monaten zu erwarten. Vielleicht waren es aber auch noch sieben oder acht Monate. Die Gerichte hätten immerhin entschieden, dass der Tod trotz lebensverlängernder Maßnahmen in nächster Zeit wahrscheinlich sein müsse. Das könne man bei sieben oder acht Monaten so oder so sehen. Zudem müsse festgestellt werden, ob der Betroffene auch wirklich den Behandlungsabbruch gewollt hätte. Das ergebe sich nicht mit genügender Sicherheit aus der Akte. Die Angehörigen müssten vernommen werden. Lasse sich der Wille nicht klar feststellen, so verlangten einige Obergerichte, dass der Richter auf »Kriterien« zurückgreife, die »allgemeinen Wertvorstellungen« entsprächen. Das, so Tobias, lehne er ab, da bei der Frage von Leben und Tod jeder andere Vorstellungen habe und er als Richter kein besserer Mensch sei.

Ich lud die Angehörigen später zur Vernehmung. Sie konnten nur in allgemeiner Form berichten, dass ihr Vater bzw. Ehemann für ein menschenwürdiges Ableben war. Über die jetzt konkret vorliegenden Umstände war nicht gesprochen worden. Ich lehnte den Abbruch der Behandlung ab. Die Familie legte keine Beschwerde ein.

Eine Falle mit Konstruktionsfehlern

Der Fahrstuhl gab ein einzelnes »Ping« von sich, als Mehmet mit seinem Hund die Kabine verließ und auf seine Wohnungstür zuging. Als er sie aufdrückte, wurde es um ihn herum laut. Aufgrund seines jahrelangen Drogenkonsums reagierte er sehr langsam und die ausbrechende Hektik versetzte ihn in Angst. Die Tür fiel hinter ihm ins Schloss und er wurde von zwei Polizisten vernommen, während die anderen die Wohnung durchsuchten. In der Küche stand eine Feinwaage und daneben lag Verpackungsmaterial. An der Waage waren feinste Drogenreste zu erkennen. Aber mehr nicht. Auch Geld wurde nicht gefunden. Masut fluchte innerlich. Diese Drogenbande war doch schlauer, als er gedacht hatte.

Plötzlich klingelte Mehmets Handy. Die anderen Polizeibeamten beachteten es nicht, doch Masut hatte schon geschaltet und erkannt, wie das hier ablief. Er zog einen Beamten von Mehmet weg und knurrte Mehmet an: »Geh ran und mach keinen Fehler, sonst sitzt du ewig hinter Gittern.« Sein Kopf tauchte ganz dicht vor Mehmet auf, als der den Anruf entgegennahm. »Ja, okay. Ja, wirklich, alles in Ordnung.« Dann legte Mehmet wieder auf. Er hatte nicht im Traum daran gedacht, die Polizisten auszutricksen. Die anderen hatten ihm zwar ein unverfängliches Codewort eingehämmert, aber er stand noch immer unter Schock.

Kurz darauf kam die Meldung, dass zwei verdächtige Personen ins Haus gegangen waren. In der Wohnung wurde es still. Als die Klingel ertönte, griffen die Polizisten sofort zu. Sedat und Umar wurden überrumpelt und in die Wohnung gezogen. Jeder hatte eine Plastiktüte mit circa zweitausend Euro in »szenetypischer Stückelung« dabei. Alles zwischen 50-Cent-Münzen und 20-Euro-Scheinen. Bezüglich Drogen aber Fehlanzeige, dachte Masut grimmig. Aber das konnte ja noch kommen. Wenn die Mausefalle noch mal zuschnappen würde. Jetzt klingelten die Handys von Sedat und Umar ständig. Immer abwechselnd.

Masut verlangte, dass sie ans Telefon gingen. Aber sie taten es nicht. Er zog Umar schmerzhaft am Haar, was nur dazu führte, dass der vor ihm ausspuckte. In Gedanken versetzte Masut ihm ohne Vorwarnung einen Schlag mit dem Ellenbogen und hörte Zähne aufeinanderschlagen. Es wäre »Bei der Festnahme gewehrt«, dachte er, ganz klarer Fall. Während er noch versuchte, seine Wut in den Griff zu bekommen, verstummten die Handys mit einem Male, und ihm wurde klar, dass die da draußen jetzt ahnten, was hier los war. Masut und die anderen Polizisten mussten sich mit dem zufriedengeben, was sie hatten.

Masut betrachtete den zitternden Mehmet, der die Augen niedergeschlagen hatte. Das sah doch sehr nach einer geständigen Einlassung aus. Jetzt mussten die drei erst mal zur Gefangenensammelstelle gebracht werden, um sie dann dem Ermittlungsrichter vorzuführen. Wegen der Anordnung einer Untersuchungshaft. Mehmet würde er aber getrennt von den beiden anderen halten und selbst vernehmen.

Später bei der Einzelvernehmung gab es Kaffee und Zigaretten für Mehmet, der völlig fertig mit den Nerven war.

Dieses Problem hatte die Bande wohl unterschätzt, freute sich Masut. Mehmet hatte alles gestanden. Seine Entlohnung, das Mischen der Drogen in seiner Küche und die Transporte zur U-Bahn-Station. Das ging seit Monaten so. Vor allem hatte er die beiden anderen Beschuldigten schwer belastet.

Nun wurde alles für die Untersuchungshaft vorbereitet und die Ermittlungsakte zur Staatsanwältin gebracht, damit diese einen entsprechenden Antrag stellen konnte. Masut hatte jetzt Feierabend. »Bon voyage – Gute Reise«, dachte er nach einem kurzen Blick auf Sedat und Umar in der Haftzelle.

Erst spät am Abend erfuhr er, dass die Staatsanwältin keinen Haftbefehl beantragt hatte und alle drei Beschuldigten laufen ließ.

In der Psychiatrie

Es war Freitag, meine erste Woche als Proberichter neigte sich ihrem Ende entgegen. Donnerstags und freitags war ich mit der Unterbringung von psychisch Kranken beschäftigt, also Fällen, in denen eine erhebliche Gefährdung der eigenen oder anderer Personen bestand und die Einweisung in eine psychiatrische Anstalt als einzig wirksame Maßnahme erachtet wurde. Für den Bezirk Pankow war das St.-Joseph-Krankenhaus in Weißensee zuständig. Es war vor über hundert Jahren von einer katholischen Bruderschaft als »Irrenpflegeanstalt für Personen männlichen Geschlechts« gegründet worden.

Tobias hatte sich glücklicherweise bereit erklärt, mich an dem letzten Tag der ihm und mir zugebilligten »Einarbeitungswoche« zu begleiten. Zukünftig würde ich auf mich allein gestellt sein.

Wir schlängelten uns mit meinem kleinen Citroën durch den Stadtverkehr, wobei Tobias mir erklärte, dass alles ganz einfach sei. Die Oberärzte in der Klinik würden ein fachärztliches Kurzgutachten fertigen, aus dem hervorgehe, welche Krankheit der Betroffene habe, welche Behandlungsmaßnahmen ergriffen werden sollten und wie lange eine Unterbringung notwendig sei. Dazu gab es einen Antrag vom sozialpsychiatrischen Dienst des Bezirksamtes, der die Vorfälle aufführte, die zur Einweisung ins Krankenhaus geführt hatten. Wenn der Patient nicht freiwillig bleiben wollte, handelte es sich um Freiheitsentziehung, die nach dem Grundgesetz einer richterlichen Genehmigung bedurfte.

Ich hatte nur vage Vorstellungen über den Verlauf einer zwangsweisen Unterbringung in einer psychiatrischen Anstalt. Nur das, was man so in Filmen sieht. Angeschnallte Patienten, die Elektroschocks über sich ergehen lassen müssen oder mit harten Wasserstrahlen aus Feuerwehrschläuchen gequält werden. Ich erwähnte den Film ›Einer flog über das Kuckucksnest‹ mit Jack Nicholson und meinte zu Tobias, so eine Unterbringung sei furchtbar. Tobias winkte ab. Heutzutage sei alles nicht mehr so wild. Die Medikamente seien in den letzten Jahrzehnten viel besser geworden. Außerdem würden die Krankenkassen wegen der Kostenübernahme Druck machen und auf eine zeitnahe Entlassung dringen. Früher sei das anders gewesen. Tobias kannte einen alten Vormundschaftsrichter, der Ende der Siebzigerjahre angefangen hatte und Elektroschocktherapie und all diese Quälereien noch erlebt hatte. Damals sei es nichts Ungewöhnliches gewesen, wenn einem eine untergebrachte Person zwei Jahre später im selben Krankenhaus immer noch über den Weg lief. Mit ermattetem Blick, erschöpft von unzähligen Behandlungen.

»Heute bleiben die Patienten vier bis sechs Wochen und werden auf die Medikamente eingestellt. Zusätzlich werden Einzel- oder Gruppentherapiegespräche angeboten. Danach können sie die Tabletten zu Hause selbst einnehmen und müssen ein- oder zweimal die Woche den Arzt aufsuchen. Im Übrigen leben sie fast genauso wie alle anderen. Noch vor dreißig Jahren wäre für die meisten von ihnen ein Leben in Freiheit undenkbar gewesen.«

Wir kurvten um den Weißen See, der diesem Berliner Bezirksteil seinen Namen gegeben hat, und Tobias wies auf ein Backsteingebäude. Während er seine zwei Meter mit etwas schmerzverzerrter Miene aus meinem Citroën AX schälte, wurde ich ermahnt, bloß niemanden freizulassen, wenn die Ärzte eine Unterbringung für nötig hielten. Ich reagierte verständnislos. Wieso war ich dann überhaupt hier?

Tobias lächelte und zuckte mit den Schultern. Für alle Fälle. Als letzte Rückversicherung, falls doch mal irgendetwas schiefgehe, meinte er. Er habe nie einen Kranken gegen den Willen der Ärzte entlassen. Ob ich denn nicht wisse, was vor sechs Monaten beim Bereitschaftsgericht am Tempelhofer Damm passiert sei? Dort hatte ein Richter den Antrag auf Untersuchungshaft gegen einen Mann abgelehnt, der eine Frau grundlos auf der Straße verprügelt hatte. Die Akte legte den dringenden Verdacht nahe, dass der Beschuldigte schwer geisteskrank war, unter massiven Wahnvorstellungen litt. Der Richter aber dachte nicht daran, den für die Unterbringung psychisch Kranker zuständigen Kollegen zu informieren, und ließ den Beschuldigten laufen. Der Mann ging aus dem Gerichtsgebäude direkt in die gegenüberliegende U-Bahn-Station und schubste eine junge Frau vor den nächsten einfahrenden Zug. Sie war sofort tot.

Tobias meinte, so lang seien sechs Wochen nun auch nicht. Es könne schon sein, dass man mal jemanden unterbringe, bei dem es vielleicht auch ohne Freiheitsentzug gegangen wäre. Es sei eben eine Prognoseentscheidung, die fehlgehen könne. Aber was wäre, wenn ich jemanden – entgegen fachärztlicher Stellungnahme – entlassen würde und der sich oder jemand anderem etwas antun, vielleicht sogar das Leben nehmen würde?

Wir gingen zur Hauptfront des nach wie vor von der katholischen Bruderschaft betriebenen Krankenhauses. Selbst zu DDR-Zeiten blieb das St. Joseph unter der Trägerschaft des Bischöflichen Ordinariats Berlin. Irgendwie erwartete ich am Eingang eine schmale Pforte, an der nach Anklopfen das mürrische Gesicht eines Ordensbruders erscheinen und nach unserem Begehr fragen würde. Stattdessen war der Haupteingang von einer bestimmt sechs Meter hohen und breiten Glaswand umrahmt: »Die Wildgans zieht allmählich der Hochebene zu.« Während ich die riesige Leuchtschrift las, verschwanden die Worte »der Hochebene« und etwas höher leuchtete dafür »dem Baume« auf. Tobias erklärte, dass die unterschiedliche räumliche Anordnung der Worte auf Feng-Shui-Prinzipien beruhe. Staunend beobachtete ich, wie »dem Baume« wieder verschwand und dafür weit unten »dem Felsen« aufleuchtete. Während wir durch den mit alten Platanen bewachsenen Innenhof gingen, fragte ich Tobias, was es mit der Wildgans auf sich habe. Er überlegte einen Moment und meinte, die Wildgans fliege ihre weiten Wanderrouten nie allein. Sie wisse, dass sie es nur im Windschatten ihrer Weggefährten schaffe. Vielleicht sei gemeint, dass verirrte Menschen hier Hilfe und Orientierung erfahren. Das Fliegen in Formation lernen, um kraftsparend in den widrigen Winden der menschlichen Gesellschaft zu bestehen.

In einer oberen Etage des Backsteinhauses lag die Geriatrie mit Fällen wie Altersdemenz und ähnlichen altersbedingten Erkrankungen. Alle anderen Stationen befanden sich jeweils in Bungalows, die an den Innenhof grenzten. Wir gingen zu einem dieser flachen Gebäude. Tobias stellte uns an einer Gegensprechanlage vor und drückte die Tür nach innen, als ein Summen ertönte.

Dann fügte er lächelnd hinzu: »Hier heißt es übrigens aufpassen, dass du niemanden durch die Tür nach draußen lässt. Auch wenn sich derjenige als Pfleger, Arzt oder Postbote vorstellt. An einer geistigen Krankheit zu leiden, bedeutet schließlich nicht, dumm zu sein.«

Wir öffneten eine zweite Tür und ich stand in einem größeren dunklen Raum. Draußen schien die Sonne und ich musste mich erst an den Helligkeitsunterschied gewöhnen. Plötzlich berührte mich etwas an meiner rechten Schulter. Ich zuckte zusammen, als ich einen riesigen Mann im Bademantel neben mir stehen sah. Er war noch größer als Tobias, wirkte älter, aber auch viel kräftiger. Wir sahen uns an und nach einer ewig dauernden Sekunde fragte er langsam mit sehr tiefer Stimme: »Bist du der Richter?«

Tobias zog mich weg. Das sei nur Herr Maurer, etwas verwirrt, ansonsten aber sehr friedlich. Tobias hatte schon vor zwei Wochen seine Unterbringung beschlossen. Er äußerte seitdem mehrmals täglich den Wunsch, mit seinem Richter zu sprechen. An Unterhaltungen oder Gesichter konnte Herr Maurer sich aber kaum erinnern. Kurz darauf standen wir im Dienstzimmer der Station, wo mir die zuständige Ärztin ihre Einschätzung zu meinem Unterbringungsfall gab. Alexander U. war erst 23 Jahre alt und ihn plagten schwere Kopfschmerzen. Er hatte das Gefühl, dass es nur besser wurde, wenn er nichts aß und kaum etwas trank. Dann werde alles um ihn herum so leicht und schwebend. Alexander U. war im letzten Jahr bereits zweimal eingewiesen worden. Jedes Mal lebensgefährlich abgemagert. Die Ärzte hatten Medikamente gefunden, mit denen die Symptomatik vollständig beseitigt werden konnte. Der Patient verweigerte sie aber. Das Problem waren die Nebenwirkungen. Alexander U. lagerte Wasser ein und wurde ziemlich dick. Außerdem verlor er jegliches sexuelle Lustempfinden.

Seine Eltern, beide Ärzte, beschworen ihn vergeblich, die Medikamente regelmäßig einzunehmen. Die Stationsärztin erklärte mir, dass Alexander jetzt die Medikamente gegen seinen Willen gespritzt werden müssten, bis er wieder absprachefähig sei. Gleichzeitig sollte er körperlich aufgepäppelt werden und die Entlassung schrittweise über regelmäßigen Ausgang vorbereitet werden. In der Hoffnung, dass er die Notwendigkeit der Medikamention einsehe. Auf meine Nachfrage ergänzte sie, dass sie noch keine anderen Medikamente gefunden hätten, die bei ihm Wirkung zeigen würden.

Dann gingen wir zu seinem Zimmer. Aufgeregt erklärte er mir, dass die Ärztin mich bestimmt schon wieder mit diesem Unsinn »vollgequatscht« habe und er wohl keine faire Verhandlung bekomme. Ich redete von der Lebensgefahr wegen Essstörungen, er von dem Ekel vor sich selbst. Es sei nicht nur die Impotenz, sondern auch das Gefühl, seine Sinne seien nicht geschärft. Und der aufgedunsene Körper. Er wolle nur aus Muskeln und Sehnen bestehen. »Scheiße, ich bin 23. So wollen Sie doch auch nicht leben.« Ich gab ihm recht, verwies jedoch auf das gefährliche Abmagern und dass es eben nicht anders gehe. »Inakzeptabel!«, erwiderte er. »Ich erzähle den Ärzten, dass ich die Medikamente nehme, und komme nach spätestens sechs Wochen hier raus. Und dann setze ich die Medikamente ab. Warum dieses Theater bis dahin, warum nicht gleich die Entlassung?« Ich kündigte ihm die gerichtliche Unterbringung für sechs Wochen an und verabschiedete mich. So wie es Tobias mir erklärt hatte.

Auf dem Weg zum Gericht fragte ich Tobias, was er bei

der Anhörung anders gemacht hätte. Hätte er Alexander U. mehr Mut zugesprochen, ihm vielleicht die Hoffnung gegeben, dass irgendwann ein besseres Medikament gefunden wird? Er überlegte einen Moment und schüttelte dann den Kopf. »Du bist nur der Richter, der etwas Notwendiges anordnet. Er kämpft Tag und Nacht damit, seine schlimme Situation zu akzeptieren. Vielleicht hat er sie noch nicht mal richtig realisiert. Du siehst ihn nur einmal für dreißig Minuten und willst ihm erklären, dass er einfach alles so hinnehmen muss? Nein, vielleicht hat seine Familie eine Chance oder die behandelnden Ärzte und Schwestern, die wochenlang mit ihm zu tun haben.«

»Aber bei Herrn Maurer hat der Besuch durch den Richter schon erheblichen Eindruck hinterlassen«, erwiderte ich zweifelnd. Der Hüne hatte mir einen ganz schönen Schreck eingejagt. Die Ärztin hatte ihn den »Türsteher der Station 6« genannt.

Tobias grinste: »Du hast doch vorhin von diesem Film ›Einer flog über das Kuckucksnest‹ gesprochen. Also, wenn das hier der Film wäre, würde Herr Maurer den ›Chief Bromden‹ darstellen. Der war auch so ein harmloser Riese und völlig unauffällig. Aber wenn er mal vor einem stand, bekamen die meisten trotzdem ein mulmiges Gefühl im Magen.«

Ich erinnerte mich an den unglaublich großen und kräftigen Indianer, den alle ehrfurchtsvoll nur »Häuptling« oder eben »Chief Bromden« nannten. Er sah zwar furchteinflößend aus, wirkte aber ganz normal. Ganz am Ende des Films hat er die Hauptfigur dann aber doch erstickt. Er war also nicht immer friedlich. Wer wusste schon, ob das nicht auch für Herrn Maurer galt.

Zurück im Gericht, erstellte ich den Unterbringungsbeschluss, der dann in Abschrift an die Klinik und Alexander U. ging. Er konnte Beschwerde einlegen, musste im Übrigen aber für sechs Wochen auf der Station bleiben, wenn die Ärzte ihn nicht vorher entließen.

Freiheit mit Nebengeschmack

Sedat und Umar standen vor dem Gerichtsgebäude und atmeten die laue Abendluft ein. Schon lange hatte sie sich nicht mehr so gut angefühlt. Sie gingen auf die andere Straßenseite, wo sich in hundert Metern Entfernung ein kleiner Imbiss befand. Sedat streckte die Arme und dehnte sich. Er hatte zuletzt eine Stunde in einer winzigen Vorführzelle von vielleicht zwei Quadratmetern gewartet. Auf so eine Festnahme war er seit Langem vorbereitet gewesen. Wenn es sein musste, konnten Hamit und Kemal das Geschäft nach einem sorgfältig ausgearbeiteten Notfallplan weiterführen. Handygespräche würde es künftig nicht mehr geben.

Ihr Anwalt hatte sie hier gut herausgeboxt. Sedat und Umar waren schließlich deutsche Staatsbürger, beide hatten junge deutsche Mädchen geheiratet und waren bald darauf glückliche Familienväter geworden. Das hatte die Einbürgerung erheblich erleichtert. Damit drohte ihnen keine Abschiebung, und es war einfacher, eine Untersuchungshaft zu vermeiden, da keine Fluchtgefahr vorlag.

Sie setzten sich in eine Ecke des Imbisses und feierten erst einmal die Freilassung. Umar meinte überschwänglich, dass ihr Anwalt jeden Cent wert sei und man sie nicht so leicht fertigmachen könne.

Sedat reagierte unwirsch. Er hatte schlechte Laune. Würde es jetzt dauerhaft Schwierigkeiten geben? Es liefen so viele Drogendealer in den Parks herum. Die Polizei schubste sie ein wenig von einem Ort zum anderen, nahm ein paar Verkäufer in den Parks oder U-Bahn-Stationen fest. Aber von so einer großangelegten Aktion hatte er länger nicht gehört. Und das gerade bei seiner kleinen Bande. Sie machten nun wirklich nicht den großen Umsatz. Da gab es ganz andere in den weitläufigen Parks von Berlin. Wie war die Polizei gerade auf ihn gekommen? Zufall?

Schon möglich. Aber er hatte so ein Gefühl, dass da noch irgendetwas anderes im Busch war. Vor allem, weil er Masut bei der Aktion gesehen hatte. Er schien die ganze Sache geleitet zu haben.

Masut war zwar Polizist, aber aufgrund seiner Abstammung irgendwie auch einer von ihnen. Er hatte guten Kontakt zu vielen palästinensischen Großfamilien. Warum legte er sich so ins Zeug, einen Landsmann zu erwischen? Sedat verstand es nicht. Seine Leute hatten keinen Streit mit Masut gehabt. War es eine Warnung? Wollte er eine Gewinnbeteiligung, damit die Polizei sie in Ruhe ließ?

Nachdem sie den Imbiss verlassen hatten, spuckte er fluchend auf den Boden und belegte Masuts Namen mit einem arabischen Schimpfwort.

Auch Umar ärgerte sich über Masut. Unten an der Hasenheide in Neukölln kassiere er selbst ab und hier mache er einen auf sauberer Polizist. Sedat zog die Augenbrauen hoch: »Wie meinst du das?«

»Hab gehört, er bekommt von Mustafa was ab. Gibt dafür Informationen weiter und so.«

»Wo hast du das gehört?«

Umar zuckte die Schulter: »Keine Ahnung. Hier was, da was. Du weißt doch, wie sich die Sachen herumsprechen.«

Sedat blieb unschlüssig stehen, wusste aber, dass er im Moment nicht mehr herausbekommen würde. Alles schien reichlich verwirrend. Vielleicht ergab sich aus der Ermittlungsakte Näheres. Sein Rechtsanwalt hatte bereits Akteneinsicht beantragt, aber das konnte dauern, weil die Ermittlungen noch liefen und die von der Staatsanwaltschaft sich nicht in die Karten gucken lassen wollten.

Geständnisse eines Oberarztes

In den nächsten Wochen würde ich nun also Gelegenheit bekommen, meinen Gerichtsbezirk genauer kennenzulernen. Denn vor jeder Betreuerbestellung muss der Richter den Betroffenen nach Möglichkeit in seiner persönlichen Umgebung anhören. So verlangt es das Gesetz. Der Richter soll sich einen Eindruck von seinen häuslichen Verhältnissen verschaffen und ihm ein wenig die Ängste vor dem Verfahren nehmen. Viele Menschen haben die Vorstellung, durch die Betreuerbestellung entmündigt zu werden. Das stimmt aber nicht. Der Betreuer soll nur neben den Betroffenen treten, der seine Geschäftsfähigkeit im Regelfall behält, es sei denn, das Gericht verfügt einen Einwilligungsvorbehalt. Dann sind sämtliche Geschäfte – von ganz geringfügigen Bareinkäufen des täglichen Lebens abgesehen – ohne Zustimmung des Betreuers unwirksam. Ein Umstand, den erstaunlicherweise auch einige geistig stark zurückgebliebene Personen relativ schnell erfassen und der ihnen viel Freude macht. Das Abonnieren von Zeitschriften und Abschließen von Versicherungen auf Messen und an Ständen ist für einige ein Volkssport, um die großzügigen Werbegeschenke abzukassieren. Auch gelingen ab und an interessante Krediteinkäufe in Großmärkten. Wenn die dann ihr Geld wollen, wird lachend eine Kopie des Betreuungsbeschlusses hochgehoben und der Betreuer muss den verärgerten Verkäufern erklären, dass wir alle mit geistig erkrankten Personen leben müssen, wir sie nicht einfach wegsperren können und man so eine Krankheit auch selbst mal bekommen kann.

Tobias hatte zwei Anhörungstage pro Woche terminiert. Einen im Gericht und den anderen vor Ort. Für meinen ersten »Reisetag« hatte ich mir auf Anraten von Tobias vorher eine Fahrtroute zusammengestellt, schließlich standen mehrere Gespräche an. In zwei Fällen hatte der Gutachter einen Einwilligungsvorbehalt angeregt, da er das Vermögen der Betroffenen erheblich gefährdet sah.

Da war zunächst einmal Berta V., eine freundliche, alleinstehende alte Dame, die mich in ihre Wohnküche bat, wo eine Pflegekraft uns Kaffee servierte. Die Wohnung machte einen sehr ordentlichen Eindruck und ich hätte diese Frau vielleicht nie in einem Betreuungsverfahren zu Gesicht bekommen, wenn da nicht dieser Weinverkäufer gewesen wäre.

Nach den Unterlagen hatte Berta V. letztes Jahr bei einem Hausbesuch sechs Flaschen Rotwein und vier Flaschen Weißwein gekauft. Dieses Jahr hatte der Vertreter aber mitbekommen, dass sie schon etwas durcheinander war und sich nicht traute, auch mal entschieden Nein zu sagen. Die Bestellung lautete auf 144 Flaschen guten Rotwein, 22 Flaschen Weißwein und zehn Flaschen Likör. Berta V. erhielt neben der Rechnung von knapp viertausend Euro eine Zugabe von fünf Weingläsern mit Traubenmotiv.

Rechnung und Mahnschreiben befanden sich in der Akte. Der Weinkauf überstieg ohne Frage die Verhältnisse von Frau V. Ich stellte mir die Lieferung von 144 Rotweinflaschen in die kleine Zweizimmerwohnung vor. Waren die mit einer Palette gekommen?

Eine Betreuerin sollte künftig die finanziellen Angelegenheiten von Berta V. regeln. Diese hatte den Überblick verloren und setzte ihre Unterschrift bereitwillig unter alle möglichen Schriftstücke, hatte der Sachverständige in seinem Gutachten festgestellt. Deshalb war auch ein Einwilligungsvorbehalt erforderlich. Brieflich wehrte die von mir daraufhin eingesetzte Betreuerin die Zahlungsansprüche des Weinhändlers ab und verlangte den Abtransport der überall in der Wohnung stehenden Kartons. Der Weinverkäufer reagierte schockiert und forderte die Betreuerin auf, seine Kundin »nicht zu belästigen«. Eine Woche später ließ er sich eine weitere Bestellung über achtzig Flaschen Weißwein unterschreiben. Sicher ist sicher, wenn man so will. Was aus den Weinflaschen wurde, habe ich nicht erfahren. Wahrscheinlich wurden sie wieder abgeholt. Vielleicht hat Frau V. aber auch ein paar ausgetrunken oder aus Verärgerung über die vollgestellte Wohnung alles in den Ausguss geschüttet. Bezahlen musste sie den Wein aufgrund ihrer Geschäftsunfähigkeit jedenfalls nicht. Mit der Gefahr, an einen geschäftsunfähigen Vertragspartner zu geraten, muss eben jeder leben, der am Geschäftsverkehr teilnimmt. Wobei diese Regel in Bezug auf den Weinladen auch mehr als vernünftig klang.

Der zweite Anhörungstermin betraf den traurigen Fall eines Postzustellers, Olaf S. Ihm hatte der Gutachter eine krankhafte Persönlichkeitsstörung attestiert und ebenfalls neben der Betreuung einen Einwilligungsvorbehalt für Vermögensfragen angeregt. Der Postbedienstete hatte eine ganz erstaunliche berufliche Karriere hingelegt. Angefangen hatte alles mit seinem großen Interesse für Psychologie und seinem Lesehunger. Er studierte viele faszinierende Bücher. Eines Tages sah er in einer Fachzeitschrift die Stellenausschreibung einer psychiatrischen Klinik. Gesucht wurde ein Oberarzt.

Ich war ganz erstaunt, aber Olaf S. erklärte mir, dass die Menschen umso weniger auf die Bewerbungsunterlagen schauen oder sie prüfen, je höher die Anforderungen sind und je mehr Qualifikationen das Stellenprofil erfordert. Welcher Spinner würde sich ohne Examen auf eine Arztstelle bewerben und dann gleich auf eine führende Position in einem schwierigen Fachbereich? Aus dem Gutachten ergab sich, dass Olaf S. einen Intelligenzquotienten von über 140 hatte. Nun ja, er musste ein paar Empfehlungsschreiben fälschen und seinen Lebenslauf mit Studienabschlüssen und Ähnlichem frisieren. Aber er versicherte mir, nie aufgefordert worden zu sein, seine Examenszeugnisse einzureichen. Irgendwie sei es in Vergessenheit geraten. Der Chefarzt befand sich gerade in einer stressigen Phase und das Einstellungsgespräch ging zwischen Tür und Angel über die Bühne. Die nächsten zehn Jahre arbeitete er als Oberarzt im Bereich Psychiatrie.

Wieso es nie auffiel? Nirgendwo sei es einfacher zu improvisieren als in der Psychiatrie, versuchte mich Herr S. zu überzeugen. Anders als bei einem Chirurgen gebe es ja nichts konkret Fassbares. Gegenstand der Exploration und Behandlung sei letztlich der unsichtbare Teil des Menschen, die Seele. Er habe sich natürlich ständig weiter belesen und zuletzt die Äußerungen seiner untergebenen Ärzte zu einzelnen Fällen schon vorausgesehen.

Olaf S. wirkte sehr locker und entspannt. Seine hellblauen Augen hetzten nicht hin und her, sondern sahen mich ruhig an. Unwillkürlich überlegte ich, ob er auch als Betreuungsrichter durchkommen würde. Eher nicht. Das erschien mir dann doch zu kompliziert. Obwohl? Es gab ja auch diese Broschüren, z.B. ›Ratgeber Recht – Betreuungsrecht von A-Z‹, gerade mal 160 Seiten im Kleinformat. Außerdem kann man die Richtigkeit richterlicher Entscheidungen auch immer so oder so bewerten. Das Betreuungsrecht im engeren Sinne umfasst nur ungefähr zehn Vorschriften bezüglich des Verfahrens und weitere zehn Paragraphen materiellrechtlicher Natur. Ein kleines und überschaubares Nischengebiet also.

Olaf S. hatte nach der Einstellung eine Familie gegründet, bald schon spielten zwei Kinder im Garten des neuen Einfamilienhauses. Ihm war nie jemand auf die Schliche gekommen. Aber irgendwann hielt er den Druck dieses riesigen Täuschungsgebildes, dieser Lebenslüge, nicht mehr aus und zeigte sich selbst an. Ihm wurde der Prozess gemacht wegen Betrug bezüglich seines Gehalts, welches mit Nebeneinkünften monatlich deutlich mehr als fünftausend Euro netto ausmachte, wegen Missbrauch von Berufsbezeichnungen und so weiter. Er war geständig und nicht vorbestraft. Die Richter hatten Mitleid mit ihm, hätten es gerne bei einer Bewährungsstrafe belassen. Aber der alte Vorsitzende erklärte in der Urteilsbegründung, dass in der psychiatrischen Anstalt wahrscheinlich doch einiges schiefgelaufen sei in den vergangenen Jahren. Was der Angeklagte im gesamten Prozess vehement abgestritten hatte. Auch jetzt wollte er noch mal ansetzen, aber der Vorsitzende wurde ärgerlich und meinte, dass er vielen armen kranken Menschen gegenüber in der Verantwortung gestanden habe, die ihm vertraut und vergeblich auf Heilung gehofft hätten. Damit müsse er nun für den Rest seines Lebens klarkommen. Er wurde zu drei Jahren Freiheitsstrafe verurteilt. Seine Frau ließ sich von ihm scheiden und heiratete einen anderen (richtigen) Arzt. Wie Herr S. erzählte, hatte sie ihn so lange unter Druck gesetzt, bis er auf das gemeinsame Sorgerecht und auf jeglichen Umgang mit den Kindern verzichtete.

»Womit hat Ihre damalige Exfrau Sie bedroht?«, fragte ich dazwischen.

»Sie ist immer noch meine Exfrau«, verbesserte mich der 140-IQ-Mann lächelnd und erzählte, dass sie ihm moralische Vorhaltungen gemacht hatte, als er noch inhaftiert war. Er sei eine Schande für die Kinder, solle ihrer Zukunft nicht im Wege stehen und so weiter. Schließlich habe er alles unterschrieben. Auf dem Haus lag noch ein Kredit, und seine Frau erhielt vor Gericht den Rest des Verkaufserlöses zugesprochen.

Er brauche jetzt einen Betreuer und den Einwilligungsvorbehalt. Die Schwierigkeit liege darin, dass er nie einen vernünftigen Berufsabschluss gemacht habe und sich zu einfachen Arbeiten wie Postzustellung einfach nicht motivieren könne. So gehe es nicht mehr weiter, seine monatliche Arbeitslosenunterstützung sei nach einem oder zwei Tagen alle. Er wolle dann immer kurz noch mal den Luxus von damals kosten und suche teure Restaurants auf, kaufe erlesene Kleidungsstücke. Er könne nicht anders und brauche jemanden, der ihm das Geld einteile.

Das Problem war, ob ein Mann mit einem Intelligenzquotienten von mehr als 140 wirklich Hilfe durch einen Betreuer beanspruchen konnte. Der Gutachter bejahte dies. Intelligenz schütze nicht vor schweren geistigen Krankheiten. Genie und Wahnsinn, Olaf S. habe von beidem etwas.

Er empfahl eine Betreuung mit Einwilligungsvorbehalt für zunächst zwei Jahre, die ich dann auch so einrichtete. Herr S. bedankte sich herzlich und lächelte, als ich seine Wohnung verließ.

Eine Warnung

Sedats Verteidiger residierte in einer Seitenstraße zum Kurfürstendamm. In dem breiten Treppenhaus hing ein wandhoher Spiegel. Unzufrieden betrachtete Sedat darin seine Designerjeans. Irgendwann würde er auf Anzüge umsteigen. Nicht irgendwelches Zeug von der Stange, sondern maßgefertigt. Er dachte an Mailand oder London. Genug Geld verdiente er und hatte eine Menge Stress dabei. Sollten die anderen ruhig sehen, dass er etwas aus sich gemacht hatte. Genauso wie sein Verteidiger, Dr. Waske, der ihn jetzt lächelnd an den riesigen Mahagonischreibtisch bat und dessen Perserteppich jeden seiner Schritte verschluckte.

Der Verteidiger war weder besonders groß noch klein, aber sein undurchdringliches Gesicht hatte etwas Respekteinflößendes. Er war teuer, aber jeden Cent wert. Ein richtiger Staranwalt. Das war Sedat schon klar, bevor Waske ihn aus der kleinen Zelle am Tempelhofer Damm herausgeholt hatte. Er hatte bei der zuständigen Staatsanwältin ein mächtiges Fass aufgemacht und die hatte nicht mal mehr gewagt, beim Ermittlungsrichter Untersuchungshaft zu beantragen.

Jetzt wurde das Ermittlungsverfahren jedoch von einer anderen Staatsanwältin in der Abteilung für Drogenkriminalität bearbeitet. Vorgestern hatte sein Verteidiger von ihr endlich Akteneinsicht erhalten. Dr. Waske erklärte Sedat, dass alles nach einer Anklage wegen Drogenhandels aussehe. Mindeststrafe ein Jahr oder sogar fünf, wenn der Vorwurf auf Bildung einer Bande lautete.

Sedat war ziemlich empört. Die andere Staatsanwältin hatte doch auf einen Antrag auf Untersuchungshaft verzichtet, weil kein dringender Tatverdacht vorlag. Wie konnte es jetzt trotzdem zu einer Anklage kommen?

Sein Rechtsanwalt erklärte ihm, dass die erste Staatsanwältin nur für Fragen der Untersuchungshaft zuständig gewesen sei und für Eilentscheidungen. Die jetzt verantwortliche Staatsanwältin sehe es eben anders. Die Anklageerhebung könne man nicht verhindern.

Aber die Ermittlungsakte sei äußerst ungewöhnlich, fuhr Waske fort, wobei seine grauen Augen unter den struppigen Brauen kalt glitzerten. Ein Polizist wollte den drogenabhängigen Mehmet zufällig bei den minderjährigen Drogendealern in der U-Bahn-Station gesehen und seinen Weg in die Wohnung verfolgt haben. Zwei Tage später habe er dann mehrere Polizisten zusammengetrommelt und die Wohnung »hochgehen« lassen. Merkwürdig sei, dass die Polizisten so abseits jeglicher Vorschriften gehandelt hatten. Schon für die längere Observation von Mehmet habe die notwendige staatsanwaltschaftliche Genehmigung gefehlt. Für die Erstürmung der Wohnung hätte in jedem Falle ein richterlicher Durchsuchungsbeschluss beantragt werden müssen.

»Ehrlich gesagt, ich weiß nicht, ob die Polizisten den Durchsuchungsbefehl bekommen hätten oder ob nicht schon der Leiter der zuständigen Polizeidienststelle die Anregung eines Durchsuchungsbefehls untersagt hätte. Die in der Ermittlungsakte festgehaltenen Erkenntnisse sind mehr als dünn, genauso wie die Personaldecke bei den Polizeidienststellen.«

»Was meinen Sie damit?«, wollte Sedat wissen.

»Der Drogenhandel direkt vor den Augen der Polizei ist ein alter Hut. Seit Jahren unternimmt die Polizei nicht richtig was dagegen. Warum jetzt, ohne etwas besonders Aufschlussreiches in der Hand zu haben und ohne irgendwelche Formvorschriften einzuhalten?«

»Jemand will mich persönlich treffen?!«, platzte es aus Sedat heraus.

»Vieles ist denkbar. Immerhin sind Sie alles andere als ein kleiner Fisch. Nur aus der Ermittlungsakte ergibt sich das nicht. Manchmal verfügt die Polizei über viel mehr Informationen, als in den Akten auftauchen.«

»Dieser Polizist, Masut. Er hat Verbindungen zu den Drogenhändlern am anderen Ende der Stadt. Ich glaube, die wollen mir eins auswischen, vielleicht mein Geschäft übernehmen.«

Rechtsanwalt Dr. Waske kratzte sich an seinem Kopf, während er darüber nachdachte. »Möglich ist das. Vielleicht kommen wir da weiter. Aber dazu müsste ich mehr darüber wissen. Es könnte aber auch etwas anderes dahinterstecken. Vielleicht ist einer Ihrer Leute zufällig in irgendeiner Telefonüberwachung aufgetaucht. Ich an Ihrer Stelle würde die Finger von verfänglichen Telefonaten lassen. Alles mündlich besprechen, vielleicht sogar mit kodierten Nachrichten auf kleinen Zetteln, die danach sofort vernichtet werden.«

»Aber ich bin jetzt absolut sauber«, tat Sedat überrascht.

Sein Verteidiger lachte nur. Er war lange genug im Geschäft, um zu wissen, woher sein Mandant das Geld für sein üppiges Honorar auftreiben würde. Auch wenn es offiziell immer irgendein reicher Onkel mit einer Pizzeria bezahlte.

Dr. Waske stand auf und reichte Sedat die Hand: »Ich bin mir ziemlich sicher, dass die Anklage kommt. Verhalten Sie sich absolut unauffällig, solange der Prozess dauert. Hoffentlich sind Ihre Freunde alle sauber. Sie wären nicht der Erste, der Probleme wegen eines Informanten oder verdeckten Ermittlers bekommt.«

Treu sorgende Verwandte

Betreuungen für kranke, hilfsbedürftige Menschen einzurichten, die ihre rechtlichen Angelegenheiten nicht mehr selbst regeln können, ist natürlich richtig und im Sinne der Betroffenen und ihrer Angehörigen, zumal, wenn sie entfernt wohnen. Daher muss der Betreuungsrichter meistens keinen Streit schlichten, das Verfahren läuft weitgehend harmonisch ab. Alle sind zufrieden.

Ich erlebte in dieser Zeit zwar auch schreiende, aufgebrachte Menschen, Frauen, die weinten, sich gegenseitig an den Haaren zogen und wütend auf der Erde balgten. Aber das passierte vor den beiden Sitzungssälen im Erdgeschoss, wo das Familiengericht tagte und an denen mich morgens der Weg zu meinem Dienstzimmer vorbeiführte. Dort fanden die Prozesse der »normalen« Menschen statt.

Aber auch im Betreuungsrecht gibt es Konstellationen, wo die Harmonie dem Streit weicht und sich Beschwerden und Befangenheitsanträge häufen. Wo es vor allem für die Betroffenen sehr unangenehm werden kann. Ich lernte schnell, dass alles anders wird, wenn viel Geld vorhanden ist, das bei den Verwandten und Freunden Begehrlichkeiten weckt.

Ich bekam eine dicke Akte vorgelegt, die bereits aus drei Bänden bestand, obwohl sie noch kein Jahr alt war. Sie kam gerade vom Kammergericht, also zwei Instanzen höher, zurück. Tobias hatte mich schon auf diese Akte vorbereitet. Ein älteres Ehepaar, Walter und Elisabeth G., beide gingen bereits auf ihr neunzigstes Lebensjahr zu, verfügte über ein beachtliches Vermögen. Geld auf Sparkonten und zwei bebaute Grundstücke machten zusammen einen Wert von etwa 1,2 Millionen Euro aus. Sie hatten keine gemeinsamen Kinder, aber die Frau hatte aus ihrer ersten Ehe als einzige Verwandte noch eine Enkelin. Walter G. hatte lediglich einen Neffen, der in einem entlegenen Teil Brandenburgs wohnte, und eine Nichte im Saarland. Ein Testament gab es nicht, deshalb würde die Enkelin alles bekommen, sollte der Mann als Erster sterben. Sollte hingegen Elisabeth G. zuerst das Zeitliche segnen, erhielten Nichte und Neffe den gesamten Nachlass. Mit bangen Blicken verfolgten Neffe und Nichte aus der Ferne ihre fünfzigprozentige Chance auf das Millionenerbe.

Als Herr G. starb und seiner Frau alles vererbte, konnten sie ihr Unglück kaum fassen. In der gesetzlichen Erbfolge spielten sie nun keine Rolle mehr. Kurz darauf entschlossen sie sich, die Sache selbst in die Hand zu nehmen. Elisabeth G. war bereits seit geraumer Zeit an Demenz erkrankt, nicht mehr fähig, rechtliche Sachverhalte zu erfassen, und musste in ein Heim ziehen. Neffe und Nichte besuchten sie, sondierten die Lage und überfielen sie schließlich mit einem Notar. Sie ließen sich eine Generalvollmacht ausstellen, welche die Verfügungsgewalt über die Grundstücke, das gesamte weitere Vermögen, Gesundheitssorge und Aufenthaltsbestimmung umfasste.

Kurz darauf wurde Frau G. in ein Heim in der Nähe ihres Neffen, fernab von Berlin, verfrachtet, damit er die Dinge dort unter Kontrolle behielt. Die alte Dame hatte bis zu dieser Generalvollmacht nie Kontakt zu den Verwandten ihres Mannes gehabt und die wenigen betagten Freunde, die sie im Heim besucht hatten, konnten den weiten Weg nach Brandenburg nicht bewältigen.

Pech für die beiden »Generalbevollmächtigten« war nur, dass für Elisabeth G. bereits ein Betreuungsverfahren eingeleitet war. Eine Mitarbeiterin des Pflegedienstes, die Frau G. bei täglichen Verrichtungen unterstützte, hatte das beim Bezirksamt angeregt. Der vom Gericht berufene Gutachter stellte eine Woche nach der Unterzeichnung der Generalvollmacht fest, dass Elisabeth G. nicht mehr geschäftsfähig war, nachdem sie bedenkenlos mehrere ihr vorgelegte Schriftstücke unterschrieben hatte.

Tobias, mein Vorgänger, erkannte die Generalvollmacht nicht an und bestellte eine Rechtsanwältin zur Berufsbetreuerin. Die Bevollmächtigten wollten natürlich ihrerseits als Betreuer eingesetzt werden. Doch das lehnte Tobias unter Hinweis auf die Vorgeschichte ab. Es hagelte Befangenheitsanträge, Strafanzeigen, Dienstaufsichtsbeschwerden und Beschwerden gegen die Bestellung der Rechtsanwältin zur Betreuerin. Als die Akte endlich zum Amtsgericht zurückkam, war ich zuständig und die Betreuerin bat um ihre Entlassung, da sie nicht länger den Strafanzeigen aus Brandenburg und dem Saarland wegen Untreue und Unterschlagung ausgesetzt sein wollte. Ich ermutigte sie weiterzumachen und sich nicht von diesen offensichtlichen Störmanövern beeindrucken zu lassen. Sie musste versuchen, die Kontounterlagen von den »Bevollmächtigten« zu erhalten, um die Vermögenssituation zu klären. Die wehrten sich mit Händen und Füßen. Wie viel Geld von den Sparkonten noch übrig war, habe ich nie erfahren. Kurz darauf verstarb Frau G., verwirrt und einsam in einer ihr völlig fremden Umgebung. Von Tobias hörte ich später, dass die »Bevollmächtigten« beim Nachlassgericht ein Testament vorgelegt hatten, worin sie als Alleinerben bedacht waren. Im Zuge der Generalvollmacht hatten sie sich das von Elisabeth G. gleich mit unterzeichnen lassen. Die Enkelin von Frau G., der eigentlich alles zustand, wollte mit alledem (ursprünglich immerhin 1,2 Millionen Euro) offensichtlich nichts zu tun haben, jedenfalls hatte sie sich nicht gemeldet. Tobias informierte den zuständigen Nachlassrichter über die Vorgeschichte, und wir hofften, dass er das Testament für unwirksam erklären würde. Dann bekäme die Enkelin trotzdem alles, wenn sie nicht auch noch auf die Idee verfiel, das Erbe auszuschlagen. Wie es ausging, habe ich nie erfahren.

Einem Berufsbetreuer steht pro Fall nur eine relativ geringe pauschale Entlohnung zu. Um rentabel arbeiten zu können, muss er also eine große Anzahl von Betreuungen übernehmen. Hat der Betroffene kein Geld, kommt der Staat für die Kosten auf. Finden sich Angehörige zur Betreuung bereit, erfolgt dies in der Regel ehrenamtlich. Nur Aufwendungen werden erstattet. Jetzt aber hatte ich einen Vorgang auf dem Tisch, wonach der Sohn die Betreuung seiner Mutter nur übernehmen wollte, wenn diese ihm monatlich 4000 Euro als Aufwandspauschale zahlte. Sie war die Witwe eines berühmten Schauspielers und Drehbuchautors und verfügte über gewisse Einkünfte, wenn seine Filme im Fernsehen wiederholt wurden. Ihr Konto wies ein Guthaben von circa 150 000 Euro aus und in ihrem großen Einfamilienhaus wohnte auch der Sohn, Mitte fünfzig, der – soweit ich ersehen konnte – nie gearbeitet hatte und immer nur Sohn gewesen war. Ich fuhr zur Anhörung, er empfing mich im geräumigen Wohnzimmer und stolzierte mit seinem Kaiser-Wilhelm-Bart und Zigarillo auf dem Parkett hin und her. Wahrscheinlich wollte er endlich an das Vermögen seiner Mutter, die ihn zeit seines Lebens alimentiert hatte. Sie wünschte sich natürlich ihren Sohn als Bevollmächtigten und hatte Angst vor einem Fremden.

Ich versuchte mit ihm zu diskutieren. Bei dieser Bezahlung war das Dahinschmelzen des Vermögens der Mutter abzusehen. Sollte sie als arme Frau sterben? Er ließ nicht mit sich reden, was mir gierig und dreist vorkam.

Ich erwischte Moritz auf dem Gerichtsflur und er meinte, dass es nichts helfe und der Sohn als Betreuer bestellt werden müsse. Entscheidend sei der Wille der Mutter. Bis Mitte des zwanzigsten Jahrhunderts, erklärte er mir, habe es gar kein Vergütungssystem für Vormünder, so hießen die Betreuer früher, gegeben. Da erhielt der Vormund jährlich fünf Prozent des Vermögens des Betroffenen. Vormund zu sein, konnte also ein lukratives Geschäft sein und bei großen Vermögen rissen sich die Rechtsanwälte um diese Ämter. Hinter dieser Regelung stand der Gedanke, dass der Vormund bestens für seinen Schützling sorgen werde, damit er möglichst lange lebe und der Vormund auf weitere Teilhabe hoffen konnte.

Ich ging zurück in mein Zimmer und fertigte den Betreuungsbeschluss aus. Der Sohn wurde Betreuer. Dann packte ich meine Aktentasche, um in die Klinik am Weißen See zu fahren. Es galt über die Unterbringung eines psychisch Kranken, Alfred D., zu entscheiden, der von gefährlichen Auftragskillern redete und in seiner Wohnung die Gashähne voll aufgedreht hatte – als »Abwehrmaßnahme«. Die Feuerwehr war aufgrund des Gasgeruchs im Treppenhaus alarmiert worden und hatte ihn mitgenommen. Kurz bevor ich mein Zimmer verlassen wollte, klingelte das Telefon. Es war die Klinik. Ich brauche nicht zu kommen, weil Alfred D. die Flucht gelungen sei. Nach ihm müsse man nun erst fahnden. Auf meine Nachfrage wurde mir erklärt, dass Alfred D. das Fenster aufgehebelt hatte. Ich legte auf und wunderte mich, dass man aus einer geschlossenen psychiatrischen Anstalt so leicht entkommen konnte.

Kurze Zeit später läutete mein Apparat erneut. Hatten sie ihn gleich wieder geschnappt? War er einfach nach Hause geflohen? Ich meldete mich und nach einer kurzen Stille hörte ich: »… H … a … ll …… o ……… Hier …… ist …… Frau ……… Schulze.« Dafür brauchte Frau Schulze etwa eine Minute. Tobias hatte mich ganz zu Anfang vorgewarnt, und mittlerweile kannte ich das schon. Einer unserer Vorgänger hatte ihr in einem unvorsichtigen Moment die Direktdurchwahl für das Richterzimmer genannt. Das war ein großer Fehler. Nie die Zimmerdurchwahl herausgeben! Frau Schulze rief mehrmals wöchentlich an und wenn man sie ausreden ließ, verlangte sie – immer aus denselben Gründen – einen Betreuerwechsel. Unter einer halben Stunde war da nichts zu machen. Nach dem zweiten Anruf legte ich mir Strategien zurecht, wie ich sie schnell abwimmeln konnte: »Frau Schulze, ich muss Sie unterbrechen. Wie gesagt, ich bin sehr beschäftigt. Bitte reichen Sie Ihre Gesuche schriftlich ein.« Frau Schulze war zumindest so fair, nicht öfter als zweimal direkt hintereinander anzurufen. Ich überlegte, was passieren würde, wenn alle Betroffenen meines Dezernats meine Durchwahl hätten. Wahrscheinlich

Call-Center-Atmosphäre. Von den Berufsbetreuern hatte ich »Gerichtsnummern« bekommen, die ich benutzen sollte. Ich vermutete, dass unter den anderen Nummern selten jemand ans Telefon ging.

Angeklagt

Dr. Waske las zum wiederholten Male die Anklageschrift der Staatsanwaltschaft Berlin gegen Sedat, Umar und Mehmet. Angeklagt war unerlaubter Handel mit Betäubungsmitteln in nicht geringer Menge nach § 29a Abs. 1 Nr. 2 Betäubungsmittelgesetz. Die Mindeststrafe lag bei einem Jahr Freiheitsentzug. Die Ermittler hatten zwar keine Drogen gefunden, aber sie waren auf einen Umschlagplatz gestoßen, der den Rückschluss auf den Handel mit erheblichen Mengen zuließ. Die Sache sollte vor dem erweiterten Schöffengericht verhandelt werden. Es gehörte zum Amtsgericht Tiergarten und bestand aus zwei Richtern und zwei Schöffen. Die Staatsanwaltschaft ging davon aus, dass die Strafe nicht mehr als vier Jahre betragen würde, andernfalls hätte die Anklage zur Großen Strafkammer des Landgerichts Berlin gehen müssen. Insofern sollten die Angeklagten nicht unglücklich sein, befand Dr. Waske. Die Staatsanwaltschaft hätte die Angeklagten ja auch als Mitglieder einer Bande ansehen können, die sich zur fortgesetzten Begehung dieser Drogendelikte zusammengefunden hatte. Dann hätte die Mindeststrafe nach § 30a Abs. 1 Betäubungsmittelgesetz schon bei fünf Jahren Gefängnis gelegen. Natürlich bildeten die Angeklagten eine solche Bande, nur war der Nachweis im Prozess schwierig zu führen, sinnierte Dr. Waske. Vielleicht wollte die Staatsanwaltschaft hier keine großen

Brötchen backen. Immerhin war bei den Ermittlungen einiges schiefgegangen. Das Verpackungsmaterial und die Feinwaage aus Mehmets Wohnung waren als Beweismittel in der Anklage aufgeführt. Das überraschte doch etwas. Schließlich waren diese Beweismittel unverwertbar. Die Beamten hätten für die Durchsuchung der Wohnung einen Beschluss des Ermittlungsrichters benötigt. Ausnahmen gab es nur bei ganz eiligen Fällen, wenn Gefahr im Verzug vorlag. Nach der mehrtägigen Observation von Mehmets Wohnung war das aber ausgeschlossen. Es wäre genügend Zeit gewesen, den Ermittlungsrichter zu informieren. Früher hatte der Bundesgerichtshof solche bei rechtswidrigen Durchsuchungen entdeckte Beweismittel dann für verwertbar erklärt, wenn die Ermittlungsbehörden bei hinzugedachtem Antrag den richterlichen Beschluss erhalten hätten. Das war in den meisten Konstellationen ganz unproblematisch, da sich ein dringender Tatverdacht häufig begründen ließ. Und so geriet der Richtervorbehalt bei Wohnungsdurchsuchungen schnell ein bisschen in Vergessenheit. Bis dann die obersten Richter in Karlsruhe diese Rechtsprechung änderten und bei willkürlichem Außerachtlassen des Richtervorbehaltes die entsprechenden Beweismittel für unverwertbar erklärten, um der Unsitte, alle Durchsuchungen wegen angeblicher Gefahr in Verzug ohne richterlichen Beschluss durchzuziehen, einen Riegel vorzuschieben.

Ungeklärt war zwar noch, ob der Verteidiger der Verwertung in der ersten Instanz ausdrücklich widersprechen musste, aber auf solche Versäumnisse konnte die Staatsanwaltschaft bei einem guten Verteidiger ohnehin nicht hoffen.

Was blieb, waren die anderen Beweismittel. Das Geld in der verräterischen Stückelung, typisch für den Drogenverkauf, und die Aussagen der Polizeibeamten über Mehmets geständige Angaben zum »Anrufsystem«. Außerdem Mehmets Ausflüge in den Park und zum U-Bahnhof, die beobachtet worden waren, sowie die Kontakte zu den Drogenverkäufern dort. Natürlich war die Polizei an Mehmets belastende Aussagen nur durch die rechtswidrige Durchsuchung gelangt. Aber so weit wollte der Bundesgerichtshof mit seinem Beweisverwertungsverbot nicht gehen. Wäre die gesamte Kette von Beweismitteln unverwertbar, die sich mittelbar aus einer rechtswidrigen Durchsuchung ergibt, bliebe unberücksichtigt, dass man diese Beweise vielleicht auch auf anderem Weg hätte finden können. In einem Strafprozess gibt es meist nur ein paar schlagkräftige Beweismittel. Verbietet man zwei oder drei davon, ist ein Schuldnachweis häufig so gut wie unmöglich.

Letzteres wäre natürlich ganz nach dem Geschmack von Dr. Waske. In den USA würde die Sache schon anders aussehen. Er hatte das Problem Sedat anhand des Hollywoodfilms ›Ein Richter sieht rot‹ mit Michael Douglas erklärt. Bereits seit geraumer Zeit sucht die Polizei einen Serienmörder, der nacheinander fünf Rentner erschossen hat, nachdem diese Geld an Automaten abgehoben hatten. Eine ballistische Untersuchung ergibt, dass alle mit derselben Waffe getötet wurden. Zwei Polizeibeamte verfolgen einige Tage später einen verdächtigen Mann, der vor ihnen davonläuft und schließlich vor seinem Haus etwas Verdächtiges in die Mülltonne wirft. Einer der Polizeibeamten will nachsehen, aber der andere meint, man bräuchte erst einen Durchsuchungsbefehl. In der Zwischenzeit fährt das Müllauto vor und die Polizisten haben eine Idee. Wenn sie warten, bis das Müllauto den Inhalt der Tonne auf eine

Ladefläche schüttet, können sie den Müll ohne Verletzung der Privatsphäre durchsuchen. Eine Fehleinschätzung, da es sich in jedem Fall um einen Eingriff in selbige handelt. Sie finden eine Pistole, auf der später die Fingerabdrücke des Verdächtigen festgestellt werden. Die Polizeibeamten erwirken einen Durchsuchungsbeschluss für seine Wohnung und finden Schmuck, Geldbörsen und Ausweise der fünf Opfer. Nach ordnungsgemäßer Belehrung gesteht der Verdächtige alle fünf Taten, und die ballistische Untersuchung beweist, dass es sich bei der Pistole um die Mordwaffe handelt. Ohne die rechtswidrig (also ohne richterlichen Beschluss) erlangte Pistole hätte es aber keine Durchsuchung der Wohnung und damit keinen Fund von Beutestücken gegeben und der Verdächtige hätte die Tat nicht gestanden. Pistole, Fingerabdrücke, Beute und das Geständnis – alles unverwertbar. Diese Beweismittel werden als unzulässig erklärt und mangels anderer Möglichkeiten, den Verdächtigen zu überführen, ist er ein freier Mann.

Sedat hatte begeistert den Ausführungen seines Verteidigers gelauscht. Endlich mal ein Rechtssystem, das seine Bürger vor Polizeiwillkür schützte. »My home is my castle« und so. Aber es half nichts. Hier in Deutschland mussten sie damit leben, dass alles außer der Drogenwaage und dem Verpackungsmaterial verwertbar war.

Der ewige Sommer

Nun war ich schon zwei Monate Betreuungsrichter und auch ein wenig stolz auf das bisschen Routine, das ich mir inzwischen erarbeitet hatte. Ich konnte die Dinge innerlich gelassener angehen. Mit meinem Citroën machte ich mich über die Grabbe-Allee auf den Weg durch das herbstliche Pankow, einen der größeren Bezirke am nördlichen Stadtrand von Berlin, durch den sich die Panke schlängelt. Der kleine Fluss (mit einem gewagten Satz kann man vielleicht auch ohne nass zu werden das Ufer wechseln) entspringt in einigen Gräben am südlichen Stadtrand von Bernau. Er mündet nach etwa neunundzwanzig Kilometern, nach einem für Berliner Verhältnisse spektakulären Höhenunterschied von dreiunddreißig Metern, mitten in Berlin in die Spree. Da dem Flachländer auch kleinere Naturgewalten ins Auge stechen und ihn zu Beschreibungen reizen, ist auf älteren Postkartenmotiven sogar manchmal von der »reißenden Panke« und dem einen oder anderen »Wasserfall« die Rede. Die Gelehrten streiten sich, ob der Fluss dem Bezirk den Namen gab, oder ob es genau andersherum war. In Berlin verläuft der Fluss weitgehend unterirdisch, aber hier im Norden hat er noch ein richtiges Flussbett. Es führt am Schloss Niederschönhausen mit seiner englischen Parkanlage und dem weiter südlich gelegenen Bürgerpark vorbei. Zusammen mit dem Waldstückchen »Schönholzer Heide«

bilden diese Parks die grüne Lunge von Pankow, was auf das wohlhabende Bürgertum schon immer sehr anziehend wirkte. Am ovalen Majakowski-Ring vor dem Schloss Niederschönhausen hatten die Regierungsmitglieder der DDR ihr Domizil, bevor sie 1958 nach Wandlitz umzogen. Direkt gegenüber, auf der westlichen Seite der Grabbe-Allee, entstand 1950 die »Erich-Weinert-Siedlung«. Hier sollten aus dem Exil zurückgekehrte Künstler, Publizisten und Wissenschaftler großzügige Wohn- und Arbeitsmöglichkeiten finden. Arnold Zweig lebte hier gegenüber von Johannes R. Becher, dem Komponisten der DDR-Nationalhymne.

Der Leser wundert sich vielleicht, warum nun von Stadtrundfahrten berichtet wird. Aber mittlerweile hatte ich eine ganze Menge von Pankow gesehen. Während die anderen Richter nur zwischen ihrem Schreibtisch und dem Sitzungssaal pendeln, sieht die Arbeit als Betreuungsrichter völlig anders aus. Die Anhörungen führten mich kreuz und quer durch den Bezirk, ständig entdeckte man in einer Großstadt wie Berlin neue Ecken, die man noch nicht kannte, obwohl sie ganz in der Nähe lagen. Ein bisschen wie im Mittelalter, wo Richter in entlegene Provinzen ihres Gerichtssprengels reisten, um dort Gerichtstage abzuhalten.

Stadtauswärts nimmt die Dichte der Besiedlung immer mehr ab und lässt den Blick auf einzelne Felder frei. Hier liegt ein älterer Gebäudekomplex, der schon während der deutschen Teilung als Heim genutzt wurde, und dort fand die erste Anhörung des Tages statt. Ich traf Felicitas S. in einem größeren Raum, den sie mit fünf weiteren Personen bewohnte. Mir kam das nicht gerade behaglich vor, so ganz ohne private Rückzugsmöglichkeit. Bei meinem Besuch war außer Felicitas S. nur eine Pflegerin im Zimmer, die ihr die Fingernägel lackierte. Aus einem Radio im Wandregal erklang Volksmusik. Die Betreuung lief schon fünf Jahre und sollte nun verlängert werden. Die Betreuerin hatte sich genauso dafür ausgesprochen wie die behandelnden Ärzte. Nachdem ich mich vorgestellt und den Grund meines Besuchs genannt hatte, fragte ich Felicitas S. nach ihrem Befinden. Aber sie reagierte nicht und hielt der Pflegerin nur weiter ihre Fingernägel zum Lackieren hin. Ich probierte es mit ein paar Fragen zum Datum und zu ihrem Alter. Ohne Erfolg. Ihr Blick blieb starr geradeaus gerichtet. Vielleicht genoss sie die Ruhe und die Pflege ihrer Fingernägel, überlegte ich. Endlich mal keine Störung durch Mitbewohnerinnen. »Feli-Schätzchen, jetzt red doch mal mit dem Richter. Der ist extra hergekommen«, bat nun auch die Pflegerin. Aber »Feli-Schätzchen« blieb hart und zuckte nicht mal mit der Wimper. Mir blieb nur die Verabschiedung und die spätere Anordnung der Verlängerung.

Mein zweiter Anhörungsfall war in einem neuen Erweiterungsbau untergebracht. Bei der Akte von Bernd K. hatte ich zweimal aufs Geburtsdatum geschaut. Er war 102 Jahre alt und sollte eine Berufsbetreuerin bekommen. In dem Gebäude gab es zwei Etagen. Die untere hieß »Meeresblau«. Ich musste eine Treppe höher – in den »Sommertraum«. Bernd K. saß mit seiner neunundneunzigjährigen Frau an einem Tisch im Aufenthaltsraum. Alle Wände waren in Gelbtönen gestrichen. Es gab Bilder mit Weizenfeldern und ich hörte das Summen von Bienen und das Zirpen der Grillen über Raumlautsprecher. Bernd K. antwortete immerhin auf meine Fragen, aber nur sehr verzögert und meist nicht zutreffend. Meistens redete seine Frau. Sie plagten fürchterliche Gewissensbisse, weil sie ihren Mann ins Heim »abgeschoben« hatte. Aber sie konnte ihn nicht mehr pflegen und seine Angelegenheiten auch nicht regeln. Nach achtzig Jahren Ehe! Die gemeinsamen Kinder waren schon tot und Enkel gab es nicht. Alle Freunde mussten längst im Jenseits sein. Wahrscheinlich verstanden sie die Menschen um sich herum und die Welt, in der sie lebten, überhaupt nicht mehr. Sie hielten sich verzweifelt aneinander fest, steinernes Zeugnis ihrer selbst, während die Zeit um sie herumwirbelte und an ihnen vorbeiströmte. Die Frau hatte Tränen in den Augen und ich wusste nicht recht, was ich sagen sollte. Ich war erst zwanzig Minuten da und schon ging mir das Zwitschern, Zirpen und Summen aus den Lautsprecherboxen auf die Nerven. Eine ältere Dame am Nachbartisch stellte ihre Tasse, natürlich gelb, auf der Tischdecke mit Sonnenblumenmotiv ab. Ich verabschiedete mich und versprach die Betreuung wie gewünscht einzurichten.

Wie musste es sein, dauerhaft hier zu wohnen? Erst vor zwei Wochen hatte ich in einem anderen Altenheim ein ähnlich bedrückendes Erlebnis gehabt. Während ich in der achten Etage auf das Öffnen der Fahrstuhltür wartete, wähnte ich mich allein, aber als ich mich umsah, bemerkte ich durch eine geöffnete Doppeltür etwa zwanzig Rentner, die um einige Tische herumsaßen. Keine zehn Schritte von mir entfernt. Das Essen war wahrscheinlich gerade abgeräumt worden. Sie redeten nicht, weil sie es verlernt hatten. Alle starrten stumm vor sich hin. Nur das Ticken einer Wanduhr durchbrach diese unheimliche Stille. Viele dieser Altersheime hatten so unschöne Namen wie »Abendsonne«. Manchmal wurde es auch richtig geschmacklos: »Vergiss mein nicht«. Mein Weg nach draußen führte mich wieder an der Station »Meeresblau« vorbei. Ich hatte so eine Ahnung, dass sie hier stumm ihre Mahlzeiten zu Walgesang einnahmen. Nicht zum ersten Mal dachte ich daran, wie mein Großvater gestorben war. Mit neunundachtzig Jahren war er immer noch mobil und lebte mit meiner Großmutter in einem Dorf. Er wollte nur mal nach den Hühnern im Hof sehen, als er einen Herzanfall erlitt und umstürzte. Es war Ende Januar und meine Großmutter machte sich große Vorwürfe, weil sie es nicht gleich bemerkt hatte und er dort eine Weile in der Kälte lag. Aber der Arzt meinte, er sei schon tot gewesen, bevor sein Körper den frostigen Boden berührt hatte. Könnte ich wählen, würde ich ein schnelles unerwartetes Ende in meiner Wohnung mehreren dahinplätschernden Jahren in meeresblauer Umgebung vorziehen.

Kurz nach zwölf Uhr war ich zurück in meinem Zimmer, sodass ich mit den Kollegen zum Mittagessen gehen konnte. In der Nähe gab es eine kleinere Betriebskantine mit recht ordentlichem Angebot. Wir genossen draußen auf der Terrasse die wärmenden Strahlen einer spendablen Oktobersonne. Ich erzählte von einem Betreuungsfall: Eine Frau fühlte sich in ihrer Wohnung nicht mehr sicher. Sie werde ständig beklaut. Ein berühmter Popsänger (kein anderer als Thomas Anders von Modern Talking) steige regelmäßig aus dem Fernseher und entwende alle möglichen Haushaltsgegenstände und auch Wertsachen. Dann verschwinde er wieder hinter dem Bildschirm. Ich musste schon beim Erzählen etwas lachen und steckte die Kollegen an. Nur eine ältere angesehene Richterin meinte ernst, dass man über so etwas nicht lachen solle. Ich sei noch sehr jung und müsse immer bedenken, wie schwer die Frau unter ihrer schlimmen Krankheit leiden müsse.

Das Lachen der Kollegen erstarb und ich fühlte mich nicht wohl in meiner Haut. Trotzdem hielt ich es für richtig, mit einer gesunden Portion Humor an die Betreuungsfälle heranzugehen. Sollte ich alles in mich hineinfressen und versuchen meine Mimik und Gestik an die Leiden all der Schwerkranken anzupassen? Etwas mit Humor betrachten können, heißt auch, einen gewissen Abstand zu haben, was mir wichtig erschien. Das schloss ja nicht aus, dass ich nicht alles in meiner Macht Stehende tun wollte, um den erkrankten Menschen zu helfen. Lachen kann schließlich auch Mitempfinden ausdrücken und muss nicht Auslachen bedeuten. Genauso wie ernsthafte Nüchternheit nicht mit tiefgehender Gründlichkeit verwechselt werden sollte.

Im Übrigen war meine ältere Kollegin aber selbst ein sehr humorvoller Mensch. Erst kürzlich hatte sie mich in der Kantine, während sie Eisbein aß und Cappuccino dazu trank, unter dem Gelächter der Kollegen darauf hingewiesen, dass mein Poloshirt exakt die Farbe der hellgrünen Betreuungsaktendeckel habe. Ich lachte mit und meinte, das Shirt stamme aus der Zeit vor meiner Tätigkeit beim Amtsgericht und meine Leidenschaft für die Akten gehe nun doch nicht so weit, dass ich diese Verbundenheit schon durch mein Äußeres demonstrieren wolle.

Ob es auf Dauer jedoch ausreichte, als Betreuungsrichter den Dingen mit Witz zu begegnen und im Übrigen auf die uns eigene Gabe der Verdrängung von erlebtem Leid zu vertrauen, konnte ich als Proberichter natürlich kaum beurteilen. Immerhin bot die Justiz Supervisionen an, bei denen Richter unter der Führung eines Psychologen lernten, ihre Erlebnisse besser zu verarbeiten. Was vor allem Betreuungsrichter gerne in Anspruch nahmen. In diesem Rechtsgebiet geschehen einfach viele schlimme Dinge. Ich hörte beispielsweise von einer Richterin, die eine Anhörung in der Wohnung eines Betroffenen durchführen wollte. Der Sachverständige hatte in seinem Gutachten geschrieben, dass die Richterin sich vorher nur kurz telefonisch ankündigen solle. Über eine schriftliche Nachricht würde der Mann zu lange nachdenken und sich wahrscheinlich sehr aufregen. Er habe große Angst vor dem Betreuungsverfahren. Die Richterin rief also eine Stunde vor dem Termin an, konnte sich aber nur auf dem Anrufbeantworter anmelden. Als sie bei der Wohnung eintraf, standen zwei Rettungswagen vor der Haustür. Der Mann hatte sich im Hinterhof an dem Ast eines Baumes erhängt. Niemand hatte etwas bemerkt. Jede Hilfe kam zu spät. Verzweifelt versuchte die Richterin herauszufinden, ob er vor oder nach ihrem Anruf Selbstmord begangen hatte. Aber das ließ sich nicht mehr aufklären. Sie machte sich Vorwürfe. Hatte sie sich am Telefon nicht einfühlsam genug verhalten, hätte sie sich vielleicht lieber überhaupt nicht ankündigen sollen?

Nach der Mittagspause kümmerte ich mich um die üblichen Aktenstapel, die jeden Morgen den Weg in mein Zimmer fanden, und am späten Nachmittag warteten noch zwei Unterbringungsfälle in der Klinik am Weißen See auf mich.

Der erste Fall betraf Alfred D., der ja kurz vor der zuletzt geplanten Anhörung durch ein Fenster des Krankenhauses geflohen war. Jetzt hatten sie ihn wieder eingefangen. Die Stationsärztin führte mich in den Aufenthaltsraum, wo mir Alfred D. seine Geschichte erzählte. Er hatte mit seinem PKW an einer Fernfahrerkneipe bei Köthen, einem kleinen Städtchen in Sachsen-Anhalt, gehalten und an einem Geldautomaten gespielt. Dann sei das Unfassbare eingetreten. Er habe den Jackpot gewonnen. Sechs Milliarden Euro! Natürlich habe er versucht den Gewinn einzulösen, aber alle hätten ihn geleugnet. Die Kneipenbesitzer, der Automatenaufsteller und auch der Vorstand des Herstellers der Glücksspielgeräte. Alfred D. sah sich mit unruhigem Blick um. Es gehe noch weiter. Jetzt seien sie hinter ihm her und würden ihm nach dem Leben trachten. Sie wollten die riesige Gewinnauszahlung um jeden Preis verhindern. Nirgends sei er mehr sicher. Auch hier könne er nicht bleiben, höchstens noch dreißig Minuten. Ich widersprach, redete von Behandlungsbedürftigkeit und Medikamenteneinstellung. Alfred D. schüttelte den Kopf. Ich werde schon sehen, in dreißig Minuten sei er weg. Mit Bedauern teilte ich mit, dass daraus nichts werden könne, da ich ihn gegen seinen Willen unterbringen müsse.

Für die zweite Unterbringung musste ich eine benachbarte Station aufsuchen, wo Bernhard L. mich bereits mit einer Beschwerdeschrift empfing. Er zeigte auf eine kleine Schreibmaschine auf seinem Tisch und deutete dann auf den riesigen Verteiler, der auf dem Schreiben angegeben war. Abschriften sollten an den Bundespräsidenten, den Petitionsausschuss des Bundestags, den Regierenden Bürgermeister von Berlin und weitere Stellen gehen.

Bernhard L. betrachtete mich von Kopf bis Fuß und meinte, nie im Leben sei ich Richter. Ich versicherte ihm das vergeblich. Schließlich zog er aus einer seiner zahlreichen Hemdtaschen (er trug ungefähr sieben Hemden übereinander) ein paar zusammengefaltete Seiten Papier und fragte mich, nach welchem Gesetz ich ihn denn unterbringen wolle. Ich erwähnte das Berliner Gesetz zur Unterbringung psychisch Kranker, aber er fragte schlau nach dem genauen Paragraphen und dessen Wortlaut. Ohne über eine Reisebibliothek zu verfügen, versuchte ich mein Glück, aber er winkte sofort ab: Das sei alles falsch, und dann las er mir den Wortlaut des Gesetzes vor. Ich versuchte nun auf die vorliegenden Gutachten zu sprechen zu kommen, welche eine dringende stationäre Behandlungsbedürftigkeit bescheinigten. Aber er ignorierte mich. Ich hatte den Test nicht bestanden und meine Chance vertan. Ich kündigte ihm die Unterbringung für sechs Wochen an, woraufhin er mir sein Beschwerdeschreiben für das Landgericht Berlin mitgab.

Zwei Tage später stellte er einen Ablehnungsantrag gegen mich. Dienstaufsichtsbeschwerden und eine Strafanzeige wegen Freiheitsberaubung im Amt folgten. Nachdem diese Anträge keinen Erfolg brachten, änderte sich der Charakter seiner per Fax eingehenden Schriften etwas. Es waren wüste Beschimpfungen, die mit der Anrede »An das Amtsgericht der Fotzen« begannen und in denen noch mal die diversen Rechtsverstöße des »Fotzenrichters« aufgezählt waren. Die Faxe kamen jeden Tag, und als ich einen Kollegen Monate später danach fragte, stellte ich fest, dass sich daran nichts geändert hatte. Obwohl die Unterbringung von Bernhard L. längst beendet war.

Als ich an diesem Tag die Klinik verlassen wollte, bemerkte ich vor der Station von Alfred D. eine gewisse Unruhe. Die zuständige Stationsärztin erklärte mir, dass Alfred D. erneut geflüchtet war. Ich begleitete sie in den Innenhof, wo zwei Bewohner kichernd auf ein paar Rosensträucher zeigten, die an einem Holzgitter emporwuchsen. Darüber war er aufs Dach gelangt. Die Ärztin meinte, der Fluchtweg sei unter den Bewohnern bekannt. Das Dach sei nur drei Meter hoch und auf der anderen Seite könne man sich herunterhängen und dann fallen lassen. Es seien aber auch schon Leute direkt vom Dach gesprungen und hätten sich dann was gebrochen. Ich fragte, wie sie eine so offensichtliche Fluchtmöglichkeit denn verantworten könnten. So könne auch noch Schlimmeres passieren. Dabei dachte ich an den Fall, von dem mir Tobias erzählt hatte, an den geistig Kranken, der eine Frau auf dem Tempelhofer Damm vor die U-Bahn gestoßen hatte. Sie zuckte mit den Achseln und meinte, das hier sei eben kein Gefängnis.

Ich verließ das Krankenhaus und ging zum Ufer des Weißen Sees hinunter. Er ist zehntausend Jahre alt und liegt in einem durch Toteis entstandenen Becken der Barnim-Hochfläche. Ziemlich rund und mit mehr als dreihundert Metern Durchmesser ist er im Sommer ein beliebter Badesee. An einem ruhigen Novembernachmittag herrschte natürlich kaum Betrieb. Am östlichen und westlichen Ufer liegen sich zwei Cafés gegenüber, die auch in den Herbst- und Wintermonaten um die Spaziergänger konkurrieren. Ich ging ins »Milchkännchen«, ein 1967 gebautes Betonhäuschen mit gläserner Vollsichtkanzel auf den See, und beobachtete die zahlreichen Enten dabei, wie sie geometrische Formen in die ruhige Wasseroberfläche zeichneten. Weit oben kreisten krächzende Nebelkrähen in der einsetzenden Dämmerung. Sie flogen wild durcheinander, so als wüssten sie noch nicht, auf welchem Baum sie ihren Platz für die Nacht finden sollten. Ich dachte an die Wildgänse von der Feng-Shui-Wand des Krankenhauses und an Alfred D., der gerade auf der Flucht war. Ständig bedroht von imaginären Verfolgern, die ihn in die Enge drängten und ihn letztlich dazu gebracht hatten, in seiner Wohnung alle Gashähne aufzudrehen. Ich hoffte, dass man ihn bald finden und ins Krankenhaus zurückbringen würde. In einer Millionenstadt wie Berlin, in der es sogar Verbände gibt, die »Opfern der Psychiatrie« insgeheim Unterkunft gewähren, war es jedoch die berühmte Suche nach der Nadel im Heuhaufen.

Masut gerät unter Beschuss

Das Gericht hatte die Anklage zur Hauptverhandlung zugelassen und einen Termin angesetzt. Einen einzigen, wohlgemerkt, und ohne Zeugen zu laden. Dr. Waske wusste, dass es sich um einen Testtermin handelte. Man wollte sehen, ob ein sogenannter Deal mit den Angeklagten und der Staatsanwaltschaft möglich war. Ein Geständnis der Angeklagten mit vorheriger Festlegung der Strafhöhe. Das konnte nur eine Freiheitsstrafe bis zu zwei Jahren sein, deren Vollstreckung zur Bewährung ausgesetzt wurde. Dr. Waske hatte versucht, es Sedat schmackhaft zu machen. Immerhin müsste er dann nicht ins Gefängnis, als Familienvater mit einem kleinen Kind. Vorausgesetzt, er würde sich in der Bewährungszeit, die etwa vier bis fünf Jahre betrug, nichts zuschulden kommen lassen. Aber Sedat wollte eine solche Vorstrafe um jeden Preis vermeiden. Verdenken konnte Dr. Waske ihm das nicht. Er ging davon aus, dass Sedat weiter aktiv im Drogengeschäft bleiben wollte und eine Vorstrafe als schwere Hypothek für sein »Berufsleben« betrachtete. Bei einer Verurteilung ohne Geständnis würde es aber keine Bewährung geben. Die Justizvollzugsanstalt wartete. Der einzige Vorteil war, dass die Urteile des erweiterten Schöffengerichts amtsgerichtliche Entscheidungen darstellten. Dagegen konnte, anders als bei Entscheidungen der Großen Strafkammer des Landgerichts Berlin, Berufung eingelegt werden. Bei einer Verurteilung in erster Instanz konnte Dr. Waske durch ein Geständnis vor der Berufungskammer immer noch ein wenig »Kosmetik« betreiben und mit etwas Glück dort eine Aussetzung zur Bewährung erreichen.

Aber vielleicht kam es ja gar nicht zur Verurteilung. Was die in der Anklageschrift als Zeugen benannten Polizeibeamten anging, war mittlerweile schon eine gewisse Vorarbeit geleistet worden. Es schien so, als hätten der Ermittlungsführer Masut und sein Kollege Ismail häufig Kontakt mit verschiedenen lokalen Größen der Drogenszene. Vielleicht stellte sich bald heraus, dass sie tatsächlich ganz ordentlich am Drogengeschäft mit verdienten. Bei der Polizei gab es eine Sondereinheit, die sich mit der Korruption innerhalb der eigenen Behörde beschäftigte. Polizisten sind auch nur Menschen und die Abteilung hatte immer etwas zu tun. Dort war vor Kurzem eine detaillierte anonyme Anzeige mit Fotos eingegangen. Dr. Waske wusste, dass darauf Masut mit Mustafa O. und seiner Clique zu sehen waren. Schwere Jungs, die dicke Goldketten trugen und hinter dem noch dickeren Sicherheitsglas ihrer Luxuslimousinen durch die Straßen fuhren. In der Szene wusste jeder, dass sie einen Großteil des Drogenhandels im südlichen Berlin kontrollierten, und die Polizei versuchte seit Längerem vergeblich, ihnen das Handwerk zu legen. Die Beamten der Sondereinheit für Korruption waren für ihre umsichtige und unauffällige Vorgehensweise bekannt. Masut und Ismail würden beobachtet und ihre finanzielle Situation erkundet werden. Man würde ihr Umfeld durchleuchten und schließlich die Schlinge zuziehen, sollte sich der Verdacht bestätigen. Auch eine vorläufige Suspendierung vom Dienst bis zur Aufklärung der Vorwürfe war nicht ausgeschlossen.

Das änderte zwar nichts daran, dass auch suspendierte Beamte als Zeugen aussagen durften. Aber vielleicht würde das Gericht sie wegen dieser Vorgänge für nicht besonders glaubwürdig halten. Sedat zufolge waren Masut und Ismail gegen ihn vorgegangen, um sein Revier den Drogenbossen in die Hände zu spielen, die im Süden Berlins das Sagen hatten. Konkurrenz- und Verteilungskämpfe auf dem Drogenmarkt. Geschickt zu diesem Thema befragt, würden diese Zeugen von ihrem Auskunftsverweigerungsrecht Gebrauch machen, um sich nicht selbst wegen ihrer Verstrickung in den Drogenhandel zu belasten. Und dann würden wohl auch beim Gericht Zweifel an dem Wahrheitsgehalt der Aussagen dieser Zeugen auftauchen.

Wie auch immer, den »Testtermin« vor dem erweiterten Schöffengericht würden er und sein Mandant Sedat wahrnehmen. Mal sehen, was das Gericht anzubieten hatte. Außerdem war sein Mandant auf freiem Fuß. Von ihm aus konnte sich das Verfahren ewig hinziehen. Die Zeit drängte nicht. Die beiden anderen Angeklagten hatten sich einen Pflichtverteidiger bestellen lassen und er würde von Sedat immerhin fünfhundert Euro pro Sitzungstag erhalten.

Unsichere Verhältnisse

Als Proberichter kann man davon ausgehen, dass man auf jeder Station etwa ein Jahr bleibt. Deshalb war ich ziemlich überrascht, als ich Anfang Dezember die Mitteilung erhielt, am ersten Januar zum Amtsgericht Tiergarten ins Strafrecht wechseln zu müssen. Nach nur dreieinhalb Monaten! Auslöser war offensichtlich eine neue Kollegin aus Hamburg, die nach Berlin kam und sich ausgerechnet meine Stelle wünschte. Als Proberichter hieß es da Abschied zu nehmen. Ich fand das ziemlich traurig. Als Berufsanfänger, für den die Einarbeitung in jedes neue richterliche Aufgabengebiet besonders schwierig ist, war ich ganz froh, erst mal einen einigermaßen überschaubaren Bereich gefunden zu haben. In den vergangenen Wochen war es mir gelungen, die letzten Altakten aus meinem Zimmer durchzuarbeiten, und ich blickte hoffnungsvoll in die Zukunft. Hier würde ich ein Jahr lang zurechtkommen. Was die Zukunft beim Strafgericht brachte, wusste ich nicht. Schon die alten Römer sagten, dass die ausgetretenen Wege die sichersten sind.

Obwohl Sicherheit vielleicht nicht ganz der richtige Begriff dafür ist. Ein befreundeter Polizist, dem ich von meinem Ärger erzählt hatte, meinte, auf seinem Revier habe niemand gerne mit psychisch Kranken zu tun. Lieber würde man betrunkene Randalierer aufsammeln oder gefährliche Straftäter verfolgen. Mit der Vollstreckung von Unterbringungsbefehlen für Geisteskranke sei es so eine Sache. Es gebe keine Routine, nichts, worauf man sich verlassen könne. Manche seien die ganze Zeit friedlich und freundlich, um dann plötzlich und ohne die geringsten Fluchtchancen zu haben, über die nichts ahnenden Polizeibeamten herzufallen. Dabei würden sie eine unglaubliche Energie entwickeln und in ihrer fanatischen Attacke nicht lockerlassen, so aussichtslos sie auch sei und wie gut man ihnen auch zuredete.

Ich erwiderte, dass ich bei einer Anhörung nie einem Angriff ausgesetzt gewesen sei. Der Freund meinte, vielleicht habe aber das eine oder andere Mal nicht mehr viel gefehlt, ohne dass mir das bewusst gewesen sei. Ich dachte darüber nach, wobei mir nicht nur Herr Maurer, der riesige Türsteher von Station 6, sondern auch Herr Schultze einfiel, der vor zwei Wochen unvermittelt in meinem Richterzimmer aufgetaucht war und die Aufhebung der Betreuung verlangte. Er wolle sich jetzt selbst um seine Angelegenheiten kümmern. Mit »Angelegenheiten« meinte er natürlich seine monatlichen Sozialleistungen, wovon ihm seine Betreuerin nur ein Taschengeld in Raten auszahlte. Das hinderte Herrn Schultze an seiner Hauptbeschäftigung, dem Trinken. Aus der Akte ergab sich, was geschah, wenn man ihm freie Hand ließ. Völlige Verwahrlosung. Ich lehnte es rundweg ab, die Betreuung aufzuheben. Herr Schultze erklärte nun, dass er mein Zimmer erst mit einem Aufhebungsbeschluss verlassen werde. Er setzte sich mit seinen bestimmt neunzig Kilo mir gegenüber an den Schreibtisch, mein Zimmer war vielleicht zehn Quadratmeter groß. Ich gab mich unbeeindruckt und versuchte mich weiter meinen Akten zu widmen. Er würde schon gehen, wenn er merkte, dass nichts passierte. Ich bearbeitete zwei Akten, konnte mich aber kaum konzentrieren. Herr Schultze blieb einfach stumm sitzen. Als ich ihn nach einer Weile unauffällig ansah, schaute er mir direkt in die Augen und grinste: »Na, gar nicht so einfach, oder?«

Mir blieb nichts weiter übrig, als unauffällig die Wachtmeister zu alarmieren, die ihn hinausführten. Handgreiflich war Herr Schultze nicht geworden, aber vielleicht hatte ja wirklich nicht viel gefehlt?

Und dann mein Erlebnis von letzter Woche. Bei meiner Anhörungsrunde suchte ich Michael K. in seiner Wohnung auf. Er war Anfang zwanzig und litt unter extremen Verfolgungsängsten. An allen Fenstern seiner Wohnung in der fünften Etage eines zehngeschossigen Hochhauses waren die Vorhänge zugezogen. Einige Zeit hatte seine Freundin ihn mit dem Nötigsten versorgt, weil er unter keinen Umständen die Wohnung verlassen wollte. Alle Menschen waren seine Feinde, gefährliche Zombies. Doch dann hatte sie sich von ihm getrennt, und jetzt saß ich ihm gegenüber. Er erklärte, mittlerweile sei es so schlimm, dass er es schon nicht mehr aushalte, mit einer weiteren Person in demselben Raum zu sein. Er raste dann aus und werde gewalttätig. Auch die starken verordneten Beruhigungsmittel würden da nicht mehr helfen. Ich zählte durch und warf vorsichtig in den Raum, dass wir ja auch zu zweit seien. Er zeigte auf einen großen roten gefüllten Plastikbecher mit weißen Punkten, der vor ihm auf dem Tisch stand. Ein Drittel Wodka, ein Drittel Jim Beam und der Rest Cola, erklärte er mir. Davon habe er vorhin schon einen getrunken und zusammen mit den Medikamenten könne ihn das ruhig halten. Ich war alles andere als erleichtert, zumal diese Kombination nicht gerade stabile Verhältnisse versprach. Zufällig glitt mein Blick rüber zur Schrankwand und mein Herzschlag setzte einen Moment aus. Unter einem Stück Stoff ragte der Griff einer Pistole hervor. In dem Bruchteil einer Sekunde überlegte ich, was ich machen würde, wenn er aufstand. Wer würde zuerst bei der Pistole sein? Er folgte meinem Blick und fing an zu lachen. Das sei doch nur ein Feuerzeug in einer Pistolenattrappe. Ob er es mal vorführen solle? Ich lächelte verkrampft zurück und verneinte. Er stand trotzdem auf und nahm die Pistole. Ich blieb sitzen und atmete auf, als die Flamme über der Pistole erschien. Also war es ungefährlich, aber hätte es nicht auch anders kommen können?

Ich war nicht der erste Richter, der sich solche Fragen stellte. Es hieß, man solle bei gefährlichen Fällen zu zweit in die Wohnung gehen. Mit Gerichtswachtmeister. Aber vorher konnte man nur schwer sagen, ob es gefährlich werden würde, und die Personaldecke war natürlich zu dünn, um zu jeder Anhörung einen Gerichtswachtmeister mitzunehmen. Im Übrigen gab es noch eine andere Möglichkeit. Ich hatte von einem geheimnisvollen Karatekurs gehört, der neben zahlreichen anderen Fortbildungsmöglichkeiten für Richter angeboten wurde. Ich sah schon das Fuchteln der schwarzen Ärmel in der Luft. Zur schwarzen Robe würde natürlich der schwarze Gürtel am besten passen. Aber bis zu diesem Dan wäre es ein weiter Weg. Die Karateübungen sollten denn auch weniger auf einen effektiven Wohnungskampf vorbereiten, sondern die Körpersprache des Richters verbessern und so von vornherein eine Eskalation verhindern.

Am späten Nachmittag war ich in Dirks Zimmer zu seiner kleinen Geburtstagsfeier eingeladen. Moritz und zwei Damen von unserer Geschäftsstelle waren auch gekommen –

damit war die Mannschaft der Betreuungsabteilungen komplett versammelt. Sie wussten schon über meinen Wechsel Bescheid und fanden, dass die Geburtstagsfeier ja auch gleich als meine Abschiedsparty genutzt werden könne. Dagegen hatte ich natürlich nichts einzuwenden. Dirk meinte noch, er sei sehr froh, dass es ihn nicht getroffen habe. Das mit dem Strafrecht sei ja schon wieder ein ganz anderes Rechtsgebiet. Da konnte ich nur zustimmen, wenngleich mir der zuständige Personalreferent versichert hatte, dass ich erst mal nur als Beisitzer beim erweiterten Schöffengericht fungieren würde und mein Vorsitzender ein ganz erfahrener und anerkannter Strafrichter sei. Er hatte mir dessen Nummer gegeben, damit ich mich schon mal vorstellen konnte, bevor es dann richtig losging.

Die letzte Unterbringung

Wenige Tage später stand ich bei meinem zukünftigen Vorsitzenden, Herrn Leisten, im Zimmer. Er war vielleicht Mitte fünfzig und hatte einen grau melierten Bart. So wie man sich gemeinhin einen weisen und erfahrenen Richter vorstellt, nicht solche jungen Hüpfer, wie wir es waren. Herr Leisten sah nicht nur sportlich aus, sondern spielte sogar in der Seniorenbundesliga Tennis. Aufgrund seiner beachtlichen Körpergröße (über einen Meter neunzig) wirkte der Raum mit seinen zwölf Quadratmetern umso kleiner. Künftig musste auch ich hier Platz finden. Angesichts der einfachen Möblierung aus den Fünfzigerjahren und den länger nicht renovierten Wänden, sehnte ich mich schon jetzt nach meinem Einzelzimmer in Pankow zurück, obwohl ich es offiziell noch gar nicht verlassen hatte. Mein Vater, Toxikologe in der Gerichtsmedizin, besuchte mich hier später mal, um zu schauen, was aus seinem Sohn geworden war. Er meinte, wenn er es nicht mit eigenen Augen gesehen hätte, würde er nicht glauben, wie bescheiden die Richter in Moabit untergebracht waren.

Herr Leisten erläuterte mir, welche Arbeit bei ihm so anlag. Es handelte sich um Fälle mit einer Straferwartung zwischen zwei und vier Jahren, die so diffizil waren, dass sie für einen einzelnen Strafrichter schlecht verhandelbar waren und die Staatsanwaltschaft die Hinzuziehung eines zweiten Berufsrichters, zusätzlich zu den zwei Schöffen, beantragt hatte. Meist ging es um langwierige und komplizierte Beweisaufnahmen oder es war eine Unzahl von Straftaten zu verhandeln. Herr Leisten deutete auf zwei Aktenbündel, die auf seinem Tisch lagen, und eine große Kiste mit Leitzordnern in der Ecke. Theoretisch könne ich hier im Richterzimmer die Akten natürlich vor der Verhandlung Seite für Seite lesen. Praktisch werde das aber sehr schwer sein. Denn leider könne meine Beisitzerstelle aufgrund des akuten Personalmangels nicht als volle Richterstelle bewertet werden. Und so werde ich jede Woche montags einen grünen Zettel mit den aktuellen Zusatzaufgaben auf meinem Tisch vorfinden. Zweimal die Woche solle ich gemeinsam mit ihm an den Verhandlungen teilnehmen, die Urteile schreiben und mich auf die nächsten Sitzungen vorbereiten. Das werde mit fünfzig Prozent meines Arbeitspensums angesetzt. Im Übrigen habe ich die Möglichkeit, in die unterschiedlichsten Bereiche des Strafrechts mal reinzuschnuppern. An seinem Lächeln erkannte ich, dass er das selbst wohl als ziemliche Belastung ansah.

Die ersten sechs Monate meiner Proberichterzeit hatte ich eine Urlaubssperre, die noch nicht abgelaufen war. Allerdings fand Ende Januar ein einwöchiges Seminar zum Beweisrecht an der Richterakademie in Wustrau am Neuruppiner See statt, auf das ich mich schon freute. Herr Leisten musste mir diesen Zahn ziehen. Für diese Zeit seien schon Termine anberaumt. Hier könne nicht jeder Richter Urlaub nehmen, wie er wolle, oftmals seien fünf, zehn oder mehr Verhandlungstage hintereinander vorgesehen, und da müssten immer alle Richter und Schöffen anwesend sein, sonst sei das Gericht nicht ordnungsgemäß besetzt. Urlaub könne nur gemeinsam nach Absprache genommen werden. Da er schulpflichtige Kinder habe, blieben eigentlich nur die Schulferien.

Schließlich gab er mir gleich eine Anklageschrift mit. Vorsätzliche Brandstiftung, die Beweislage sei ziemlich schwierig. Das solle ich schon mal lesen, im Januar gehe es gleich an meinem ersten Arbeitstag mit der Verhandlung los. Herr Leisten ermahnte mich, als Anfänger mit Fragen oder Statements während der Verhandlung vorsichtig zu sein. Es handle sich um sehr umfangreiche und schwierige Fälle, und manchmal könne der peinliche Eindruck entstehen, dass ein Mitglied des Gerichts ein bestimmtes Dokument falsch verstanden oder etwas überlesen habe. Wenn mir etwas unklar sei, könne die Sitzung auch mal kurz unterbrochen werden, und ich könne ihm mein Problem im Beratungszimmer schildern.

Ich verließ sein Zimmer und fragte mich, ob nun bald ein Jahr des Schweigens beginnen würde. Man kann als Beisitzer zwar Fragen stellen, aber die Verhandlung führt der Vorsitzende. Ich hatte so ein Gefühl, dass er die Zeugen sehr gründlich vernehmen und bei mir als Beisitzer und Berufsanfänger keine Fragen offen bleiben würden. Und dass ich ein sehr regloses Jahr auf meinem Stuhl neben dem Vorsitzenden vor mir hatte.

Aber noch war es nicht so weit. Noch verhandelte ich in lebhaftester Weise. Für den Rückweg hatte ich einen Anhörungstermin angesetzt. Der fand in der Wohnung einer alten Dame, Rosa W., statt, die seit Längerem alles aufbewahren musste. Vor allem Zeitungen. Im Wohnungsflur hatte sie einen schmalen Durchgang freigelassen, den wir nur hintereinander passieren konnten. Links und rechts türmten sich die Papierstapel und allerlei Sachen bis über Kopfhöhe. Das Wohnzimmer war nicht mehr zu betreten und sie führte mich in die Küche, wo am Fenster ein kleiner Tisch mit zwei Stühlen stand. Der einzige Ort in der Wohnung, wo wir nebeneinander Platz fanden. Ich hatte keine Ahnung, wie sie das mit dem Schlafen machte. Der ganze Unrat musste weg, es war auch ein gefährliches statisches Problem, darunter lag eine Wohnung. Der Boden konnte einstürzen. Ich überlegte, ob es ein Fehler gewesen war, hierherzukommen. Vielleicht war mein Gewicht das Zünglein an der Waage. Ich beruhigte mich aber damit, dass der Einsturz bestimmt langsam, mit Vorwarnung sozusagen und viel Geräusch erfolgen würde. Frau W. erklärte, dass alle aufgehobenen Sachen von besonderer Wichtigkeit seien und irgendwann benötigt würden. Sie könne sich nicht von einer einzigen Zeitung trennen. Ich redete ihr gut zu, sprach von möglicher Einlagerung, von der Brandgefahr und dass die Feuerwehr im Notfall gar nicht in die Wohnung komme, aber es half nichts.

Frau W. war den anderen Mietern des Hauses erst aufgefallen, nachdem sie das Bad völlig zugemüllt hatte. Zunächst hatte sie die Kloschüssel freigelassen. Aber schließlich wusste sie nicht mehr, wohin mit all den Gegenständen. Sie stapelte sie auch auf dem Toilettenbecken und musste von da an für ihre Notdurft auf den Hinterhof gehen, was allgemeines Entsetzen in der Nachbarschaft hervorrief. Mir blieb nichts anderes übrig, als ihr einen Betreuer anzukündigen. Der würde sie in eine psychiatrische Station ausquartieren und die Wohnung entrümpeln.

Ob sie in die Wohnung zurückkonnte oder dauerhaft

in ein Heim ziehen musste, hing von dem Erfolg der Behandlung ab und ließ sich nicht vorhersagen. Bei älteren Menschen und einer langjährigen Erkrankung stehen die Chancen jedoch nicht gut, wenn das psychische Leiden sich bereits »chronifiziert« hat, wie es in den Gutachten heißt.

Der letzte Tag als Betreuungsrichter kam viel zu schnell. Die Weihnachtstage lagen bereits hinter mir und natürlich auch die Weihnachtsfeier des Gerichts. Wir waren in eine Bowlingbar gegangen. Dirk, der Proberichter, der wenige Tage vor mir angefangen hatte, konnte nicht bowlen und wollte sich nicht blamieren, sodass wir vorher einmal übten. Letztlich entschied er sich aber doch für seine eigene Ausführungsart. Er stellte sich mit dem Rücken zur Bahn und warf die Kugel mit beiden Händen und etwas Schwung durch die Beine in Richtung der Kegel. Während meine Kugel halbwegs gerade auf die Kegel zurollte, holperte seine unruhig hin und her und fiel seitlich von der Bahn. Was die Arbeit anging, würde es genau umgekehrt sein, dachte ich wehmütig. Dirk wusste zumindest, wie die nächsten neun Monate in etwa aussahen, während ich schon wieder völlig von vorn anfangen musste. Was bedeutete, jede neue Akte mit dem mulmigen Gefühl der Fremdheit und Unwissenheit aufzuschlagen und darin ohne Plan hilflos den richtigen Weg zu suchen. Ein bisschen wie Dirks Bowlingkugeln.

Es war schon 15.30 Uhr und ich machte mich auf den Weg zu meiner letzten Diensthandlung, es ging um eine Unterbringung im Krankenhaus Weißensee.

Ein letztes Mal gab ich meinem roten Citroën die Sporen, brauste um den Weißen See, ließ das alte Backsteinhaus rechts liegen und begab mich direkt in Station 4 zu Marion P.

Sie arbeitete in einer Behindertenwerkstatt und hatte am Vormittag einem der anderen Arbeiter mit einem spitzen Metallstück Stichverletzungen beigebracht. Die Stationsärztin holte sie aus ihrem Zimmer und wir gingen in Richtung Besprechungsraum. Ich lief hinter ihr und plötzlich rief sie laut, dass sie mich verprügeln werde, sollte ich ihr noch einmal auf den »Arsch« schauen. Ich hatte das gar nicht getan, aber als sie das Wort aussprach, blickte ich unwillkürlich hin. Sie trug eine schwarze Lederhose. Ich versicherte ihr, nicht hingesehen zu haben. Aber sie schnitt mir das Wort ab und meinte, das wisse sie ganz genau, ich solle keinen Mist erzählen. Nun hatte ich das letztlich ja doch getan – 1:0 also, dachte ich. Im Beratungszimmer setzte ich mich ihr gegenüber und sie meinte, die Männer seien sowieso alle gleich. Warum ich überhaupt mit Jackett und Hemd gekommen sei. Diese Maskerade, ob ich deswegen ein besseres Gefühl bei meinen Entscheidungen habe, wenn ich Menschen gegen ihren Willen festhalte. Die Entscheidungen seien trotzdem, wie sie seien – schlecht und falsch.

Das war natürlich nicht das 2:0, aber ein paar Wahrheiten waren vielleicht wirklich dabei. Versteckten wir Juristen uns zu sehr hinter den schwarzen Roben? Brauchten wir sie, weil unsere Argumente in der Sache nicht ausreichend beeindruckten?

Die Stationsärztin fing nun an, auf die Uneinsichtigkeit der Patientin hinzuweisen, ihre Unwilligkeit, bei der Behandlung mitzuwirken, und die Gefahr, die von ihr ohne medikamentöse Einstellung für ihre Mitmenschen ausgehen würde. Marion P. wurde daraufhin sehr wütend. Alles sei falsch – und außerdem, was solle man von einer Ärztin erwarten, die im Dezember mit Sonnenbrille herumrenne.

Die brauche doch selbst dringend eine Therapie. Ich sah zu der Stationsärztin hinüber, die nach dieser plötzlichen persönlichen Attacke etwas sprachlos war. Auf ihren Haaren blinkten die hellblauen Gläser einer Sonnenbrille. Jetzt hatte Marion P. auch bei der Ärztin einen Treffer gelandet, aber in der Sache half es ihr nichts. Da stand ein klares Ergebnis für die Unterbringung und ich erklärte, sie müsse für zunächst vier Wochen hierbleiben. Marion P. nahm das erstaunlich gelassen auf, trotzdem hatte ich das Gefühl, dass die Stationsärztin in den nächsten Wochen noch einiges zu hören bekommen würde.

Gerichtssaal 101

Wenige Tage später fand ich mich morgens um 8.30 Uhr im Kriminalgericht Moabit in dem Zimmer ein, das ich nun mit Richter Leisten teilen würde. Es blieb nicht viel Zeit, denn eine Stunde später sollte die Verhandlung unseres ersten gemeinsamen Falles beginnen. Etwas aufgeregt beschritt ich an seiner Seite den Weg zu unserem Sitzungssaal. Er trug in der linken Hand seine Aktentasche und hielt mit der anderen seine Robe fest, die er über die rechte Schulter gehängt hatte. Einerseits konnte sie so nicht zerknittern und andererseits drohte auch keine Verschmutzung des Saums durch Schleifen auf dem Boden. Nicht, dass ich mir wegen meiner Robe große Sorgen machte. Immerhin hatte ich in einem Geschäft für Anwaltszubehör extra die »strapazierfähige« erworben und die »elegante« mit der Demut eines Proberichters links liegen lassen. Trotzdem tat ich es ihm nach und dachte dabei, dass ich von Herrn Leisten in dem kommenden Jahr eine Menge lernen würde. Von seiner Art, die beruflichen Herausforderungen anzugehen, und seiner Sicht auf die Dinge. Er war einfach ein sehr erfahrener Strafrichter.

Der Weg von unserem Zimmer zu unserem Sitzungssaal 101 war ziemlich lang. Es ging zwei Treppen hoch und eine runter, um mehrere Ecken und endlose Gerichtsflure entlang. Nach der letzten Ecke lag ein bestimmt hundertfünfzig Meter langer Flur vor uns, der sich zur großen Mittelhalle hin öffnete. Herr Leisten erzählte mir eine kuriose Geschichte: Draußen vor dem Gerichtsgebäude gibt es zwei Türen, die direkt nebeneinanderliegen, wobei die linke nur als Ausgang dient. Zwischen beiden Türen ist ein etwa zwanzig Zentimeter breiter Rahmen mit einem kleinen Schildchen in Brusthöhe, auf dem »Saal 101, 501« steht und darunter ein kleiner Pfeil, der nach links zeigt. Das Schild hing bestimmt seit fünfzig Jahren dort, vielleicht war es sogar schon kurz nach der Eröffnung angebracht worden. Das wusste niemand mehr, genauso wenig, wieso nur diese beiden Säle ausgeschildert waren, obwohl es doch Dutzende davon im Kriminalgericht gab. Es sollte eigentlich besagen, dass der Besucher nach Passieren der (rechten) Eingangstür und Eingangskontrolle sich zu diesen Sälen nach links wenden müsse. Tatsächlich rannten jedoch die Angeklagten und Zeugen für die Säle 101 und 501 gleich durch die linke Tür (den Ausgang), wo sie jedoch nach drei Metern vor einem Metallgitter standen und merkten, dass es nicht weiterging. »So sehe ich trotz der unzähligen Passanten häufig schon morgens, wer später zu mir in die Sitzung will«, erklärte Herr Leisten lächelnd, während wir den Sitzungssaal betraten.

Staunend betrachtete ich die hohen Wände. Es mussten bedeutende Fälle sein, die hier verhandelt wurden, das wurde jedem Betrachter sofort klar. Gleich neben der vielleicht vier Meter hohen Saaltür aus Eichenholz befand sich ein Tischchen, von dem ein Gerichtswachtmeister aufstand und Herrn Leisten fröhlich begrüßte: Herr Raabe, der für diesen Saal zuständig war. Er war vielleicht einen Meter fünfundsechzig groß, wirkte aber neben Herrn Leisten noch kleiner. Sie arbeiteten hier seit vielen Jahren zusammen. Herr Leisten führte die Verhandlung und Herr Raabe rief das Publikum in den Saal, wenn die Verhandlung losging oder nach einer Unterbrechung fortgesetzt wurde. Er holte Zeugen herein und führte Angeklagte aus der Untersuchungshaft durch Geheimgänge in den Sitzungssaal und zurück. Schon nach Kurzem merkte ich, dass Herr Leisten ihn und sein fröhliches und offenes Wesen mochte. Von Freundschaft zu sprechen wäre möglicherweise zu viel gewesen. Zumindest verstehen viele Menschen darunter etwas Großes und Tiefgehendes. Aber vielleicht sollte man darin eher ein einfaches Gefühl der Zuneigung sehen, eine kleine, unkomplizierte Verbindung auf einigen menschlichen Frequenzen, bei allen Unterschieden. Es war jedenfalls mehr als diese höfliche, freundliche und respektvolle Art, welche Herr Leisten ohnehin im Umgang mit anderen pflegte. Die beiden hatten auch ein großes gemeinsames Thema – Kanada. Herr Leisten war schon dort gewesen, in unberührten Regionen, und berichtete begeistert davon. Aber noch mehr schwärmte Herr Raabe von dieser Wildnis, die er doch nur aus Reiseprospekten und Fernsehreportagen kannte. Er sparte für eine vierwöchige Reise dorthin und sprach von Lagerfeuern und dem Fliegenfischen.

Das mit dem Sparen würde sich aber noch eine Weile hinziehen, erklärte mir Herr Leisten einmal. Der Berliner Senat hatte mit den Beschäftigten des Landes Berlin einen sogenannten Solidarpakt geschlossen, wonach diese zehn Jahre lang auf circa zehn Prozent ihres Gehaltes zugunsten des damals mit mehr als fünfzig Milliarden Euro verschuldeten Haushalts verzichten sollten. Die »Solidarität« sah dann so aus, dass der nicht verbeamtete Herr Raabe von seinen etwas über neunhundert Euro Nettoverdienst monatlich circa neunzig Euro weniger bekam, um damit rechnerisch nicht näher bestimmbare Haushaltsentlastungen herbeizuführen.

Wir gingen an den Zuschauerbänken und dem Tisch der Verteidigung vorbei und stiegen über eine Stufe auf eine höhere Plattform, wo sich ganz links ein kleiner Platz für die Protokollführerin und in der Mitte ein breiter Richtertisch befanden, an dem die vier Stühle für die Richter standen. Ganz rechts war der Bereich des Staatsanwalts, der nach den Plänen von 1906 genau wie die Richter von einer gewissen Höhe auf Verteidiger, Angeklagte, Zeugen, Sachverständige und Publikum herabsah.

Mitten auf dem Tisch wartete schon die Strafakte auf uns, besser gesagt ein etwa fünfzig Zentimeter hoher Aktenstapel. Herr Leisten ließ die Akten immer mit dem Aktenwagen in den Gerichtssaal bringen. Häufig waren noch zahlreiche Kisten mit Beweisstücken oder Leitzordnern dabei. Zu viel jedenfalls, um sie unter dem Arm oder in Aktentaschen zu befördern, erklärte er mir schmunzelnd. Hinter dem Richtertisch war die Wand mit Holz vertäfelt, eine messingverzierte Türklinke ragte hervor. Herr Leisten drückte sie und betrat einen schmucklosen kleinen Raum. Links stand ein winziger Tisch mit einer Schreibmaschine und in der Mitte ein größerer, um den vier Stühle gruppiert waren. Hier warteten schon zwei ältere Damen auf uns, die mir Herr Leisten vorstellte. Sie waren uns in diesem Verfahren als Schöffinnen zugeteilt. Zwar kennen Schöffen den Inhalt der Strafakte vor der Verhandlung meistens nicht und verfügen über keine juristische Vorbildung, trotzdem würden sie wie wir an dem Prozess teilnehmen. Schöffen haben in der Frage von Schuld und Bestrafung volles Stimmrecht.

Herr Leisten erläuterte kurz, worum es ging. Hamsa K. wurde vorgeworfen, eine unbekannte Person dazu angestiftet zu haben, sein Verkaufsgeschäft anzuzünden. Der kleine Bungalow in einer Wohnsiedlung war mitten in der Nacht völlig ausgebrannt. Dem schnellen Eingreifen der von Anwohnern alarmierten Feuerwehr war es zu verdanken, dass die umliegenden Gebäude nicht Feuer gefangen hatten. Die Schöffinnen sollten nun im Beratungszimmer warten, während wir draußen mit dem Verteidiger vorerörtern würden, ob ein Deal geschlossen werden konnte. Es ging um die Frage, wie hoch die Strafe bei einem strafmildernd zu berücksichtigenden Geständnis des Angeklagten ausfallen würde und ob alle Beteiligten (Staatsanwaltschaft, Gericht und Verteidigung) mit dieser Vorgehensweise einverstanden waren.

Herr Leisten unterhielt sich mit dem Verteidiger, der jedoch erklärte, ein Geständnis komme nicht in Betracht. Der Angeklagte habe durch den Brand einen Schaden von mehr als hunderttausend Euro erlitten und seine Brandschutzversicherung jegliche Bezahlung abgelehnt. Sie hatte sich auf eine vorsätzlich durch den Angeklagten herbeigeführte Brandstiftung berufen. Nur bei einem Freispruch komme der Angeklagte an die Versicherungsgelder. Ohne das Geld wäre er finanziell ruiniert. Herr Leisten erwiderte, dass bei einem Geständnis die Freiheitsstrafe vielleicht noch mal zur Bewährung ausgesetzt werden könne. Ohne Geständnis drohe das Gefängnis. Das sei dem Angeklagten bewusst, erwiderte der Verteidiger. Er sei aber nun mal unschuldig.

Damit war klar, dass es nun an die Beweisaufnahme ging, und Herr Leisten hatte auch bereits die ersten Zeugen geladen. Wir konnten aber noch nicht beginnen, da der Angeklagte sich verspätete. Ich folgte meinem Vorsitzenden durch eine Doppeltür zurück ins Beratungszimmer. Niemand konnte hören, was wir hier besprachen. Herr Leisten erläuterte den Schöffinnen den Ausgang des Gesprächs, nun werde die Strafverhandlung ganz normal durchgeführt. Herr Leisten hatte mir die Anklageschrift bereits bei meinem Vorstellungsgespräch ausgehändigt und ich hatte sie mittlerweile durchgelesen. Die Beweislage war schwierig, niemand hatte den Brandstifter gesehen. Der Angeklagte hatte für den fraglichen Zeitpunkt ein wasserdichtes Alibi – eine größere Familienfeier mit mindestens zehn Zeugen. Aber es gab Indizien, die in Richtung des Angeklagten zeigten. So viele, dass zumindest die Staatsanwaltschaft (und auch die Versicherung) nicht mehr daran glauben konnten, dass Hamsa K. unschuldig in diesen Prozess hineingeraten war. Herr Leisten umriss den Schöffinnen kurz, worum es ging. Sie müssten sich da selbst ein Bild machen. Man könne hinsichtlich der Täterschaft durchaus geteilter Meinung sein. Verblieben auch nur leise Zweifel, müsse freigesprochen werden.

Dann war es endlich so weit. Der Angeklagte hatte den Gerichtssaal mit zwanzigminütiger Verspätung betreten. Wir betrachteten ihn interessiert, während der Staatsanwalt die Anklage verlas. Er kam aus einer Abteilung, die speziell für Brandstiftungsdelikte zuständig war.

Noch vor wenigen hundert Jahren hat man Strafprozesse auf ganz andere Art geführt. Wichtig war, ein Geständnis des Angeklagten zu erreichen. Dafür wurde er gerädert und ihm glühendes Eisen ins Fleisch gestoßen. Jeder vernünftige Mensch wusste, wie weit es mit solchen »Geständnissen« her war. Heutzutage ist es natürlich verboten, mit Folter oder anderen menschenunwürdigen Methoden auf den Angeklagten einzuwirken, um ein Geständnis zu erlangen. Wer es tut, wird selbst zum Straftäter. Aber dafür ist der Weg der Richter, zu einer Überzeugung hinsichtlich der Schuld zu kommen, wesentlich unkomplizierter geworden. Es gilt der Grundsatz der freien Beweiswürdigung, wonach es gar keines Geständnisses bedarf und auch nicht – wie heute noch in einigen Ländern des Orients üblich – der Aussage zweier männlicher Zeugen, um eine Strafe verhängen zu können. Natürlich muss der Richter bei seinen Schlussfolgerungen die Gesetze der Logik beachten. Im Übrigen kommt es im Grunde aber nur darauf an, ob das Gericht von der Täterschaft überzeugt ist. Genaugenommen ist das eine gewaltige Machtfülle und natürlich ein Vertrauensbeweis an die Fähigkeiten der Richter. Besonders in Indizienprozessen tritt das deutlich zutage, wenn der Angeklagte nicht glauben will, dass man ihn verurteilen kann, obwohl er am Tatort nicht gesehen und bei ihm keine Tatwerkzeuge gefunden wurden. Aber es gibt eben keine feststehenden Regeln, die dem Gericht beispielsweise vorschreiben würden, dass es für eine Verurteilung wegen Mordes ohne Augenzeugen zumindest der Auffindung einer Leiche bedürfe.

Hamsa K. gab sich völlig verständnislos, warum überhaupt ein Prozess durchgeführt wurde. Ihm zufolge fehlten die Beweise und bei jeder Gelegenheit zeigte er uns durch geringschätziges Lächeln oder demonstrative Blicke aus dem Fenster, dass er den ganzen Prozess für eine überflüssige Farce hielt.

Dann erschien der erste Zeuge und berichtete von einer merkwürdigen Begebenheit zwei Tage vor dem Brand. Der Angeklagte habe die Polizei gerufen und angegeben, zwei Skinheads hätten ihn im Laden mit ausländerfeindlichen

Parolen beleidigt und dann von außen einen kleinen runden Stein durch die Scheibe geschmissen. Der Beamte hatte die Anzeige aufgenommen und das etwa fünf Zentimeter große Loch in der Schaufensterscheibe betrachtet. Als Nächstes sagten zwei Feuerwehrleute aus. Bei ihrem Eintreffen brannte schon der ganze Laden von innen. Die Ladentür war verschlossen und musste deshalb eingestoßen werden. Kurz nach Beginn der Löscharbeiten zerbarst die Schaufensterscheibe aufgrund der großen Hitze. Bis dahin war sie, bis auf das kleine Loch, intakt gewesen. Da waren sich beide Zeugen sicher. Nach einer Stunde war der Brand gelöscht.

Die Zeugen wurden entlassen und Herr Leisten verlas ein paar Urkunden, woraus sich ergab, dass der Warenbestand vollständig verbrannt war. Der Angeklagte hatte sechs Monate vor dem Brand in erheblichem Umfang Vorräte angeschafft, darunter z.B. Zigaretten im Wert von mehr als zehntausend Euro. Ein Jahr vorher hatte er zusätzlich zu seiner Brandschutzversicherung eine Betriebsunterbrechungsversicherung abgeschlossen. Alles bei einer großen Gesellschaft, die sich in der Werbung mit einer schnellen, unbürokratischen Schadensabwicklung und Soforthilfen hervortat.

Und dann war da noch diese Liste mit Verbindungsnachweisen zum Handy des Angeklagten. Ein unbekannter Anrufer hatte in der Tatnacht um ein Uhr und fünf Minuten sieben Mal hintereinander erfolglos Hamsa K. angerufen. Fünf Minuten, bevor Anwohner den Brand bemerkten und die Feuerwehr alarmierten. Auf der Wanderschaft zurück zu unserem Zimmer meinte Herr Leisten, das sei doch ein interessantes Detail. Unmittelbar vor oder nach Brandausbruch hatte jemand mehrmals und offensichtlich dringlich versucht, den Angeklagten zu erreichen. Mitten in der Nacht. Wahrscheinlich hatte der Täter seinem Anstifter den Vollzug der Brandlegung melden wollen. Ich erwiderte, dass wir das nicht beweisen könnten. Herr Leisten stimmte zu, meinte aber lächelnd, dass sich aus dem Zusammentreffen mehrerer Wahrscheinlichkeiten insgesamt eine ausreichende Sicherheit ergeben könne. Ich solle nur abwarten, bis wir den Brandsachverständigen gehört hätten.

Die Schlinge zieht sich zu

Es war wieder eine lange Nacht für Masut gewesen, aber unterhaltsam und lustig wie immer, wenn sie mit Mustafa unterwegs waren. Masut ging auf seinem Nachhauseweg langsam am Spreeufer entlang. Ismail und er trafen sich gerne mit Mustafa. Der war immer gut drauf und auch spendabel. Natürlich wussten sie, dass er mit Kokain handelte. Umgekehrt war Mustafa auch darüber im Bilde, dass sie bei der Kriminalpolizei arbeiteten und für Drogenkriminalität zuständig waren. Irgendwie eine verkehrte Welt, trotzdem tat dies ihrer Freundschaft keinen Abbruch. Sie hatten Respekt voreinander und achteten darauf, sich nicht »beruflich« ins Gehege zu kommen.

Ging so etwas überhaupt, eine Freundschaft zwischen Drogendealer und Drogenfahnder? Masut musste innerlich lachen. Früher hätte er es selbst nicht für möglich gehalten. Aber Mustafa war schwer in Ordnung. Er handelte auch nicht auf der Straße. Jedenfalls soweit ihnen das bekannt war. Er verfügte über eine gute Verbindung nach Südamerika und die Qualität seines Kokains war der blanke Wahnsinn. Es gab kaum Zwischenhändler, sodass der Stoff auch ohne Streckmittel eine gute Rendite abwarf. Und man konnte staunen, welch bekannte Persönlichkeiten von ihm beliefert wurden. Reiche Leute aus den Villenvierteln der Stadt, die den Schnee mit Rasierklingen zerkleinerten, Lines bildeten und ihn schließlich mit Platinröhrchen von Spiegeln in ihre Goldnäschen zogen. Eine ganz andere Liga als diese kranken, süchtigen, heruntergekommenen Typen, die durch die Parks stolperten und Crack rauchten oder sich Heroin spritzten. Nein, die Kunden von Mustafa hatten die Sache im Griff. Es ging nur um ein bisschen Spaß. Was war schon dabei? Bereits die Inkas hatten die Blätter der Cocapflanze gekaut. Das stillte den Hunger und durch die einsetzende Gefäßverengung waren sie nicht so empfindlich gegen die Kälte der Andengebirgszüge.

Auch er selbst zog sich ab und zu eine Line rein. Angefangen hatte alles in Mustafas Stammbar. Er hatte es ihnen bei einer wilden Party angeboten. Es als eine Art Vertrauensbeweis gefordert, dachte Masut. Ein Zeichen dafür, dass bei diesen Zusammenkünften alles Privatsache war und die Dienstmarke dort nichts zu suchen hatte. Und Mustafas Partys wollte man nur ungern verpassen. Ein paar echt heiße Mädchen waren da immer dabei. Ismail nahm nur bei diesen Gelegenheiten manchmal etwas. Aber er selbst schnupfte mittlerweile auch ab und zu in seiner Wohnung. Natürlich nicht oft. Er war schließlich nicht abhängig und hatte alles unter Kontrolle. Er hatte sich auch ein Platinröhrchen besorgt. Und über ein bisschen Kokain verfügte er sowieso. Schließlich arbeitete er ja in der Drogenszene und ohne Informanten war man nichts. Masut aber wollte weiterkommen, mit spektakulären Ermittlungserfolgen seine Vorgesetzten auf sich aufmerksam machen. So wie neulich in dem kleinen Stadtpark, wo sie die Falle in der Wohnung dieses Junkies aufgezogen hatten. Mit nichts konnte man Drogenabhängigen so gut Informationen entlocken wie mit ein bisschen Heroin oder Kokain. Wenn sie Junkies durchsuchten und Drogen beschlagnahmten, tauchte häufig nicht der gesamte Fund in den Polizeiprotokollen auf. Der Rest verschwand im gemeinsamen »Ermittlungsfonds« von Ismail und ihm. Ab und an blieb da auch ein bisschen Schnee für ihn selbst übrig.

Als Masut schließlich seinen Hauseingang erreichte, entging ihm der kleine Lieferwagen mit den getönten Scheiben, der schräg gegenüber auf der Straße parkte, obwohl er für solche Situationen ausgebildet war. Auch die Person im Schatten der Eingangstür des Nachbarhauses sah er nicht.

Im Brandstifterprozess geht jemandem ein Licht auf

Es gab noch zwei weitere Proberichterinnen, Cornelia und Henriette, die wie ich Beisitzer bei einer Abteilung der erweiterten Schöffengerichte waren und »nebenbei« mit fünfzig Prozent ihres Pensums andere Arbeiten erledigen mussten. Sie teilten sich ein Richterzimmer und nach meiner Sitzung schaute ich dort vorbei. Nur Cornelia war da und erzählte mir, dass man ihr ganz unterschiedliche Aufgaben zuweise. Ich wusste über diese grünen Zettel schon Bescheid, auf denen am Wochenanfang mitgeteilt wurde, was in den nächsten Tagen anstand. Frau Münch, die für die Einteilung zuständig war, hatte mir versprochen, mich in den ersten zwei Wochen von dieser zusätzlichen Aufgabe freizustellen, damit ich mich einarbeiten konnte. Cornelia vertrat gerade das Dezernat einer Strafrichterin, die nach ihrer Krankschreibung als »halbeinsatzfähig« im Rahmen des sogenannten Hamburger Modells zurückgekommen war. Sie hatte eine Sehnenscheidenentzündung und konnte nur unter Schmerzen – und dann einfach unleserlich – schreiben. Sie führte die Verhandlungen und diktierte die Urteile. Alles andere machte Cornelia. Sie musste entscheiden, welche Zeugen bzw. Sachverständigen geladen werden sollten und wie viel Zeit die Verhandlung in Anspruch nehmen würde, um entsprechend den nächsten Verhandlungstermin festzusetzen. Häufig fehlten aber nach Ansicht dieser Richterin irgendwelche Beweismittel oder Vorermittlungen, sodass der Termin wieder aufgehoben, die Prozessbeteiligten nach Hause geschickt wurden und alles zeitlich neu geplant werden musste. Das war nervig und auch für Cornelia unbefriedigend. Nur der Richter, der selbst verhandelt, weiß, was er konkret dafür benötigt. Cornelia und diese Richterin mussten aber zusammen wie ein Richter arbeiten, und die linke Hand wusste nicht so richtig, was die rechte machte.

Henriette nahm gerade an einer Sitzung des erweiterten Schöffengerichts teil, und Cornelia zeigte auf drei riesige Aktenstapel, die Henriette in der Mittagspause angeschleppt hatte. Sie vertrat das Dezernat eines Richters, der schon längere Zeit erkrankt war. Im Wechsel sollten verschiedene Vertretungsrichter die Sitzungen durchführen. Es gab vor allem zwei Probleme. Zum einen war das Dezernat mittlerweile sehr stark angeschwollen, da längere Zeit kaum Verfahren abgeschlossen worden waren. Es kamen ständig Akten hinzu, und der Abfluss war verstopft. Henriette versuchte nun das Rohr zu reinigen. Sie berücksichtigte bei den Terminladungen alle nur denkbaren Möglichkeiten, lud jeden Zeugen, der eventuell vernommen werden würde, fertigte Vermerke, warum dies für die Sitzung erforderlich sei und das nicht. Sie machte alles, damit die Sitzungen tatsächlich stattfanden und die jeweilige Akte durch Urteil oder Einstellung abgeschlossen werden konnte. Die neu eingehenden Fälle warteten schließlich schon. Und da lag das zweite Problem. Jeder Richter muss irgendwann mal einen Kollegen vertreten und sich mehr oder weniger bemühen, dessen Arbeit mit zu erledigen. So wie es wohl überall in der Arbeitswelt ist. Aber der Richter, den Henriette vertrat, hatte sich dabei nicht besonders hervorgetan. So lauteten jedenfalls die Gerüchte, welche die Runde machten. Dementsprechend war die Motivation der anderen Richter nicht übermäßig hoch, mit unbezahlten Überstunden nun etwas für ihn zu tun. Oft fanden sich irgendwelche Gründe, warum dieser oder jener Prozess noch mal ausgesetzt werden musste. Henriette dachte erst, es liege an ihr, und bemühte sich um noch präzisere Terminvorbereitung. Aber was sie auch tat, das Resultat blieb das gleiche, sodass sie bald eins und eins zusammenzählte. Einige Richter wollten ihrem Kollegen vielleicht mal zeigen, was passiert, wenn man im Krankheitsfall nicht ordentlich vertreten wird. Darunter zu leiden hatte jedenfalls Henriette, die sich mit immer größer werdenden Aktenstapeln herumschlug, ohne eine wirkliche Chance auf deutliche Besserung.

Als ich am Donnerstag mit Herrn Leisten zum Sitzungssaal ging, hatte er eine Überraschung für mich. In einer Strafsache gegen mehrere mutmaßliche Drogendealer gab es Terminprobleme, da das Verfahren zeitlich mit einem anderen kollidierte, in das zwei der Verteidiger eingebunden waren. Außerdem habe einer der Verteidiger, ein Herr Dr. Waske, nicht den Eindruck gemacht, als käme ein Geständnis in Betracht. Es gebe da auch Beweisprobleme wegen einer illegalen Wohnungsdurchsuchung. So hatte Herr Leisten den Termin auf Ende Februar verlegt und dazu gleich die Zeugen geladen. Das bedeutete, dass ich Anfang Februar zu der Tagung für Proberichter in die Richterakademie nach Wustrau fahren konnte. Darüber freute ich mich sehr, zumal ich Dirk aus Pankow und ein paar andere Proberichter dort wieder treffen würde. Außerdem hatte ich dann schon fünf Monate Urlaubssperre hinter mir und konnte eine Abwechslung zum Arbeitsstress gut gebrauchen. Auch von dem Thema versprach ich mir einiges für meine Arbeit als Strafrichter. Es sollte um die Vernehmung von Zeugen und die Würdigung ihrer Aussagen gehen. Herr Leisten hob aber den Finger und sagte, dass vor meiner Abreise am Montagvormittag noch die letzte Verhandlung in der Brandstiftungssache anstehe. Erst danach könne ich losfahren, also würde ich wahrscheinlich ein bis zwei Stunden zu spät zum Seminar kommen.

Wir gingen bereits durch die Mittelhalle und hatten fast unseren Sitzungssaal erreicht, als Herr Leisten meinte, dass er beinahe ein wichtiges Detail vergessen hätte. Die Protokollführerin, Frau Weiz, habe eine schwere Zeit hinter sich, familiäre Probleme. Sie wirke häufig zerfahren und unkonzentriert. Früher sei sie eine sehr gute Protokollführerin und zudem die vielleicht bestaussehende Frau im ganzen Kriminalgericht gewesen. Nach ihrer Heirat mit einem reichen Universitätsprofessor habe sie in den besten Kreisen verkehrt und sich mit bekannten Strafverteidigern geduzt. Dann habe der Professor sie vor ein paar Jahren wegen einer jüngeren und sehr attraktiven Frau verlassen. Darüber sei Frau Weiz nie hinweggekommen. Wie auch immer. Ihre Protokolle, in denen sie den Verlauf der Hauptverhandlungen festhielt, seien kaum leserlich und häufig fehlten die wichtigsten Einzelheiten. Man könne nicht auf Vollständigkeit vertrauen. Kurz gesagt, sie saß zwar jeden Tag an ihrem Platz und schrieb mit. Es war aber gefährlich, sich auf ihre Arbeit zu verlassen. Was, wenn eine wichtige Zeugenaussage nicht wiedergegeben war und wir uns an die Einzelheiten nicht mehr erinnerten? Ich müsse alle wichtigen Vorkommnisse selbst notieren. Herr Leisten schaute mich traurig an und zuckte mit den Schultern. Es sei sehr schwer für sie. Wir müssten ihr helfen und dürften sie nicht hängen lassen.

Er musste nichts weiter sagen. Ich wusste ziemlich genau, was los war. Herr Leisten lebte mit dem Problem seit Jahren, kannte aber die Lebensumstände von Frau Weiz und brachte es einfach nicht fertig, sie zurechtzuweisen, geschweige denn ihrer Vorgesetzten Meldung zu machen. Ich konnte das gut verstehen. Im Übrigen fragte ich mich ohnehin, wie ein Protokollführer alle wichtigen Einzelheiten einer Hauptverhandlung lesbar zur Niederschrift bringen sollte (wie es die Strafprozessordnung verlangt), wenn die Sitzung von 9 Uhr bis 16 Uhr dauerte. Immerhin ging es hier um die möglichst wortgetreue stenografische Wiedergabe von langen Zeugenaussagen etc.

Dann war es wieder so weit. Das Team aus dem Sitzungssaal 101 war vollständig angetreten. Herr Leisten klopfte dem Gerichtswachtmeister Raabe auf die Schulter, der sich überrascht umdrehte und fröhlich »Ach, Herr Leisten, hallo« rief. Manchmal versuchte auch Herr Raabe seinem Lieblingsrichter auf die Schulter zu klopfen. Wegen der unterschiedlichen Körpergröße sah das aber so aus, als wolle ein Kind sein Lieblingsspielzeug aus einem hohen Regal angeln. Frau Weiz nahm auf ihrem Stuhl Platz und spitzte zwei Bleistifte an. Wir gingen ins Beratungszimmer, wo bereits die beiden Schöffinnen warteten. Herr Leisten schloss die Tür und erklärte ihnen, was ungefähr sich heute während der Sitzung abspielen würde. Dann warteten wir auf Hamsa K., der wieder etwa zwanzig Minuten zu spät kam.

Danach ging es mit dem Brandsachverständigen los. Wie ich bald mitbekam, konnte er aus den Überresten selbst verheerendster Brände eine Menge über deren Verlauf und Ursache lesen. Wie war nun unser Brand entstanden? Da die Feuerwehr die Tür verschlossen und ohne jegliche Manipulation am Schloss vorgefunden hatte, gab es zwei Möglichkeiten. Der Täter hatte einen Schlüssel gehabt und nach der Brandlegung wieder abgeschlossen oder er hatte das Feuer durch das Loch in der Fensterscheibe entzünden können. Aufgrund der Stärke der Verkohlung konnte jedenfalls festgestellt werden, dass sich das Feuer im Ladeninneren entwickelt haben musste. Der Sachverständige zeigte Fotos, wonach auf einer Fläche von drei mal zwei Metern die Brandentwicklung besonders stark ausgeprägt war. Er hatte Proben entnommen und war zu dem Ergebnis gelangt, dass jemand breitflächig Brandbeschleuniger verteilt hatte. Herr Leisten fragte, ob der Beschleuniger durch das kleine Loch in der Scheibe auf den Boden gesprüht worden sein konnte. Aber das war aufgrund der Größe der Fläche und des gleichmäßigen Auftrags nicht möglich – außerdem hätte er auch in der unmittelbaren Nähe des Fensters zu finden sein müssen.

Ich ertappte mich dabei, wie ich häufiger zu dem Angeklagten hinübersah. Er musste natürlich nichts kommentieren und konnte schweigen. Trotzdem suchte ich in seinem Gesicht nach irgendeiner Reaktion auf das Verhandlungsgeschehen. Ein flüchtiges Erröten, ein unruhiges Flackern der Augen oder irgendeine kleine vorübergehende Veränderung – so wie beispielsweise zwei Delfinrücken eine glatte Meeresoberfläche für ein bis zwei Sekunden kräuseln und wieder verschwinden. Aber der Blick hinter die Maske gelang mir nicht, ich konnte keine Reaktion ausmachen.

Schließlich wurde der Sachverständige entlassen. Wir gingen mit den Schöffinnen in die Kantine und dachten über den Fall nach. Anfangs war meine Mutmaßung, dass der Angeklagte dem Täter die Schlüssel gegeben hatte, dieser drinnen den Brandbeschleuniger verteilte, ihn anzündete, schnell wieder abschloss und verschwand. Aber nach und nach zeichnete die Hauptverhandlung uns ein anderes Bild. Diese Vorgehensweise wäre viel zu gefährlich gewesen. Der Sachverständige hatte ausgeführt, dass ein Teil des Brandbeschleunigers sofort verdunstet und mit der Luft ein gefährliches Gemisch bildet. Beim Entzünden könne es zu Verpuffungen kommen, die den Täter verletzen und Lärm machen könnten. Die Entdeckungsgefahr sei sehr groß, zumal bei einer offenen Tür. Viel näher lag es da, dass der unbekannte Täter die Tür aufgeschlossen, den Beschleuniger verteilt hatte und dann wieder verschwunden war. Später war er vermutlich unauffällig am Laden vorbeigegangen und hatte ein Stück brennenden Kohlenanzünder oder Ähnliches durch das kleine Loch in Richtung des Brandbeschleunigers geworfen. Er musste den Schlüssel gehabt haben.

Auf dem Boden der Realität

Kurz nachdem Masut seinen Hauseingang betreten hatte und noch bevor er den Lichtschalter betätigen konnte, griffen mehrere Hände nach ihm. Die Überraschung währte nur eine Sekunde, dann wusste er, dass es Polizeibeamte waren. Die Haustür hinter ihm wurde aufgestoßen und weitere Männer stürmten herein. Die Türangeln quietschten laut und das Türblatt schlug mit Wucht gegen die Wand. Masut überlegte, ob ein Foto von seiner Haustür nun vielleicht auch als Kandidat für die »Tür des Monats« herumgereicht würde, wobei es für ihn diesmal nichts zu lachen gab. Die Kollegen, er vermutete, dass welche vom Sondereinsatzkommando dabei waren, verstanden keinen Spaß. Er musste sich auf den Fußboden legen und spürte den kalten Fliesenboden an seiner Wange und die Handschellen, die hinter seinem Rücken zuschnappten. Dann ließen sie ihn los. Er lag noch einen Moment flach auf dem Gesicht, mit ausgestreckten Beinen, in einer fast friedlichen Haltung und sah aus den Augenwinkeln die Drogenspürhunde, welche an ihm vorbei zu seiner Wohnung geführt wurden. Es war aus und er fürchtete sich ein wenig davor, gleich wieder aufstehen und sich der Realität stellen zu müssen. Aber es war unumgänglich, schließlich bestand das ganze Leben daraus, früher oder später wieder aufzustehen.

Sie brachten ihn zur Gefangenensammelstelle, wo ihm

mit richterlichem Beschluss eine Haarprobe entnommen wurde. Alles wirkte genau vorbereitet. Wahrscheinlich ermittelten sie bereits seit geraumer Zeit gegen ihn, dachte Masut. Hatten ihn bei den Partys von Mustafa beobachtet und sein Handy überwacht. Bei der Durchsuchung jetzt hatten sie sein Kokain und das Zubehör in seiner Wohnung sichergestellt und vermutlich schon ein paar Zeugenaussagen eingesammelt, von Junkies, deren Drogen er beschlagnahmt, aber nicht komplett abgeliefert hatte. Und von anderen, denen er Drogen für Informationen gegeben hatte. Auf dem Weg in den Vernehmungsraum meinte er für einen Augenblick das Profil von Ismail am anderen Ende des Flurs zu sehen. Ihn hatten sie also auch am Wickel.

Dann saßen ihm zwei Ermittler in Zivil gegenüber. Er hatte sie noch nie gesehen, wusste aber, dass sie dieser berüchtigten Einsatzgruppe angehörten, welche die Kriminalität innerhalb der Polizei bekämpfte. Sie hatte so einen komisch transparenten Namen wie »Glas« oder »Eisklar« und richtig beliebt war sie bei den Kollegen natürlich nicht.

Die zwei Vernehmungsbeamten gaben sich betont locker und souverän. Einer saß auf der Tischkante und blätterte ohne aufzuschauen mit gehobenen Augenbrauen und nickend in einer Ermittlungsakte, so als würde er sich über den merkwürdigen Fisch wundern, der ihnen ins Netz gegangen war. Der andere saß hinter seinem Tisch und sah Masut freundlich an, wobei er ihn mit der Hand aufforderte, Platz zu nehmen.

Masut zwängte seinen breiten Körper zwischen die Stuhllehnen und grinste den Polizisten an. Nicht, dass ihm diese Vernehmungssituation unbekannt gewesen wäre. Nur erlebte er sie dieses Mal eben von der anderen Seite. Egal welches Spiel sie jetzt mit ihm abziehen wollten, er würde gar nichts sagen. Man wusste ja, dass sie einem aus allem Möglichen später einen Strick drehen wollten. Immerhin kannte er die Namen einiger erfahrener Strafverteidiger, die öfter mal Polizisten vertraten. Sollten sie sich doch mit seinem Anwalt herumschlagen.

Als er schließlich das Polizeigebäude verlassen konnte, war es bereits später Nachmittag. Masut hatte über dreißig Stunden nicht geschlafen. Aber dazu hatte er jetzt jede Menge Zeit. Sie hatten ihn vorläufig vom Dienst suspendiert und er musste seine Dienstwaffe abgeben. Bis die Sache geklärt sei. Die Vorwürfe lauteten von Drogenhandel und Bestechlichkeit über Begünstigung bis hin zu Strafvereitelung im Amt.

Hospitation beim Ermittlungsrichter

In den ersten Wochen verhandelte ich mit Herrn Leisten nicht nur die Brandstiftungssache, sondern auch andere Strafverfahren, bei denen sich schon im Vorfeld ein Deal abgezeichnet hatte oder wo dies zumindest nahelag. Alle Beteiligten mussten einverstanden sein und zuletzt erklärte Herr Leisten den beiden Schöffen das Angebot. Wenn auch sie zustimmten, legte der Angeklagte nach Anklageverlesung ein Geständnis ab. Bestand die Anklage aus mehreren Tatvorwürfen, handelte es sich manchmal auch um ein teilweises Geständnis, wobei von der Verfolgung der anderen Taten dann abgesehen wurde. Entscheidend war, dass die ausgeurteilte Strafe den Erwartungen der Beteiligten entsprach. Nach dem Geständnis wurde die Hauptverhandlung für etwa fünfzehn Minuten unterbrochen und Richter sowie Schöffen begaben sich ins Beratungszimmer, um die Verkündung des Strafurteils vorzubereiten. Herr Raabe räumte den Sitzungssaal, alle Besucher mussten den Saal verlassen.

Viel zu beraten gab es nicht mehr, da die obere Strafgrenze schon feststand. Ich half Herrn Leisten, die anzuwendenden Strafvorschriften aus der Anklage zu überprüfen, und dann ging er zu dem winzigen Tisch mit der Schreibmaschine, um das Urteil zu diktieren. Frau Weiz erwartete ihn schon mit einem fröhlichen Lächeln, das fast bis zu den Ohren reichte: »Na, Herr Leisten, dann wolln wa ma wieda, wat?

Ha, ha.« Sie schaute Beifall heischend zu mir herüber und ich musste lächeln. Herr Leisten stand direkt hinter ihr und blickte auf das Papier, während er beispielsweise diktierte: »Der Angeklagte wird wegen gewerbsmäßigen Betruges in dreizehn Fällen, jeweils in Tateinheit mit gewerbsmäßiger Urkundenfälschung, zu einer Gesamtfreiheitsstrafe von zwei Jahren verurteilt. Die Vollstreckung der Strafe wird zur Bewährung ausgesetzt. Der Angeklagte trägt die Kosten des Verfahrens und seine notwendigen Auslagen. Vergehen, strafbar gemäß §§263 Abs. 1, Abs. 3 Nr. 1; 267 Abs. 1, Abs. 3 Nr. 1; 25 Abs. 1; 52 Abs. 1; 53 Abs. 1; 56 Abs. 1, 2 StGB.«

Tippfehler versuchte er sofort zu sehen und zu verbessern. »Ach, ja!«, lachte dann Frau Weiz und machte weiter. Trotzdem kam es häufiger vor, dass sich Tippfehler einschlichen, die erst beim erneuten Durchlesen auffielen. Meist musste dann alles noch mal geschrieben werden. Herr Leisten war natürlich sauer, aber durch mehr als einen betrübten Ausdruck in seinen Augen gab er das gegenüber Frau Weiz nicht zu erkennen. Trotzdem musste ihr die Situation peinlich sein. Immerhin sollte sie nur wenige diktierte Sätze zu Papier bringen. Ihrem sonnigen Gemüt schien dies jedoch nichts anzuhaben. Herr Leisten meinte aber mal, dass sie nur ihre Unsicherheit vor den Schöffen und mir verbergen wolle, weil sie uns nicht so gut kannte.

War der Urteilstenor dann richtig festgehalten, begaben wir uns wieder in den Sitzungssaal, wo wir hinter dem Richtertisch Aufstellung nahmen. Herr Raabe öffnete die Saaltür und rief: »Die Strafsache XY wird fortgesetzt. In den Verhandlungssaal bitte.« Der Angeklagte, Staatsanwalt, Verteidiger und etwaige Zuschauer standen auf, um das Urteil im Namen des Volkes zu vernehmen. Danach war der

Prozess für die Schöffen beendet. Wir verabschiedeten uns von ihnen und meine Aufgabe war es nun, die Urteilsbegründung zu schreiben. Vielmehr einen Entwurf, den Herr Leisten billigen musste. Häufig wird nach solchen Deals auf die Einlegung von Rechtsmitteln verzichtet. Die Strafprozessordnung sieht dann erhebliche Erleichterungen und Verkürzungen bei der Urteilsbegründung vor. Die Entwürfe waren einfach zu schreiben, sodass Herr Leisten sie ohne Weiteres akzeptierte.

Da meine »Schonfrist« abgelaufen war, warteten nun zusätzliche Aufgaben auf mich. Mitte Januar fand ich auf meinem Schreibtisch den ersten grünen Zettel vor. Ich sollte in der kommenden Woche an zwei Tagen einen Ermittlungsrichter vertreten. Da das Strafgericht Tiergarten mit über zweihundert Strafrichtern sehr groß ist, gibt es mehrere Richter, die ausschließlich für richterliche Beschlüsse vor Anklageerhebung zuständig sind. Erforderlich sind sie etwa, wenn in besonderer Weise in die Grundrechte der Beschuldigten eingegriffen werden soll, z.B. bei Wohnungsdurchsuchungen, beim Abhören von Telefonanschlüssen und natürlich bei Untersuchungshaftentscheidungen.

Ich sprach mit Herrn Leisten darüber und er meinte, dass ich an diesen Tagen ganz gut zu tun bekommen würde. Am besten solle ich noch in dieser Woche meine Zeit dazu nutzen, an einem Tag bei einem Ermittlungsrichter zu hospitieren. Der würde mir bestimmt ein paar Grundkonstellationen erläutern. Ansonsten könne ich auch ihn anrufen, aber bitte nicht bei jeder Akte. Herr Leisten lachte.

Zwei Tage später saß ich dann bei einem Ermittlungsrichter im Zimmer und er zeigte mir zunächst etwas »Papierkram«. Das waren Ermittlungsakten, in denen die Staatsanwaltschaft um Erlass eines Durchsuchungsbeschlusses, Ortung eines Handys oder Ähnliches bat. Der Beschluss lag schon zur Unterschrift vorbereitet in der Akte, meist mit dem Hinweis auf einen polizeilichen Ermittlungsbericht, aus dem sich ergab, warum nun beispielsweise eine Wohnungsdurchsuchung nötig sei. Die Akten wurden ins Zimmer gebracht und nach der Entscheidung von den Wachtmeistern oder Staatsanwälten (wenn es sehr eilig war) wieder abgeholt. »Nur kein Stress«, meinte der Richter. Zeit, um alles ordentlich zu prüfen, müsse immer sein. Ich solle mich keinesfalls von Staatsanwälten oder der Polizei unter Druck setzen lassen.

Kurz danach begleitete ich ihn ins Haftkrankenhaus, das zur Justizvollzugsanstalt gehört. Er hatte mir vorher die Ermittlungsakte gezeigt. Der Polizei waren zwei bewaffnete Serienräuber ins Netz gegangen. Ein Sondereinsatzkommando hatte sie auf frischer Tat stellen wollen. Das Fahrzeug der Täter stand vor einer Bankfiliale. Allerdings im Halteverbot, sodass ein Streifenpolizist aufmerksam wurde und sich auf das Fahrzeug zubewegte. Den Leuten vom SEK passte das gar nicht und tatsächlich wurden die Täter plötzlich nervös. Einer schoss in Richtung des Polizisten, dann sprangen beide aus dem Auto und flüchteten in eine Seitenstraße. Das Sondereinsatzkommando entschloss sich zum Handeln. Nach dem Schusswaffengebrauch gab es beim Zugriff schon aus Gründen der Eigensicherung keinerlei Rücksichtnahme. »Die Beschuldigten wurden hart zu Boden gebracht«, hieß es dann in der Ermittlungsakte.

Was das bedeutete, sah ich kurz darauf im Haftkrankenhaus. Einer der Täter war bei Bewusstsein, konnte aber nur unter Schmerzen auf die Fragen des Ermittlungsrichters antworten. Sein Gesicht sah aus, als wäre es über rauen Straßenasphalt gezogen worden, während jemand sich auf den Mann geworfen hatte. Der zweite Täter hatte starke Beruhigungs- und Schmerzmittel bekommen und war nicht ansprechbar. Der Ermittlungsrichter meinte, dass er sich zumindest einen unmittelbaren Eindruck von dem Beschuldigten machen müsse, und ging in sein Krankenzimmer. Ich ersparte mir den Anblick und wartete vor der Tür.

Am Nachmittag fanden zwei Haftprüfungstermine statt. Die Beschuldigten saßen bereits seit einiger Zeit in Untersuchungshaft. Die Verteidiger versuchten darzulegen, warum keine Fluchtgefahr bestehe und ihre Mandanten vom weiteren Vollzug der Untersuchungshaft verschont werden müssten. Ein mögliches Geständnis, soziale Bindungen und die Höhe der zu erwartenden Strafe spielten dabei eine Rolle. Der Richter meinte zu mir, dass für meine beiden Tage keine Haftprüfungstermine anberaumt seien. Trotzdem druckte er mir ein Verhandlungsprotokoll aus, dem die wesentlichen Formalitäten zu entnehmen waren. Allerdings könne es sein, dass ich über einen Antrag auf Anordnung der Untersuchungshaft entscheiden müsse. So wie in seinem letzten Fall dieses Tages. Zwei Wachtmeister führten einen hochgewachsenen Mann, Arnim K., ins Zimmer und brachten ihn in einen eingezäunten Bereich in der Ecke. Dort gab es eine Sitzbank, aber er wollte lieber stehen.

Ich war noch nie jemandem begegnet, der einen Menschen umgebracht hatte, und betrachtete Arnim K. ungläubig. Er mochte Mitte vierzig sein und sah mit seinen hellbraunen Haaren und dunklen Augen ganz normal aus, gar nicht wie ein furchtbares »Mordungeheuer«. Irgendwie hatte ich erwartet, dass das Schreckliche seiner Tat auch im äußeren Erscheinungsbild erkennbar sein müsse.

Natürlich wird man ständig über die Medien mit Tötungsdelikten konfrontiert. Es gibt Bilder von Opfern und Mördern, aber man beschäftigt sich nicht wirklich damit. Man sieht es, spricht mit anderen darüber, aber es ist nicht Teil des eigenen Lebens. Steht man dem Täter jedoch von Angesicht zu Angesicht gegenüber, zwingt dieses reale Erlebnis dazu, das Unbegreifliche zu akzeptieren. Niemand wird als Mörder geboren und Arnim K. war ein Mensch wie du und ich, bis er das Leben eines anderen auslöschte. Sicher gibt es immer Motive; Arnim K. hatte letzte Nacht seinen Partner im Laufe eines Beziehungsstreits wegen eines Seitensprungs erstochen. Aber können nicht jedem Menschen Erlebnisse widerfahren, die starke Eifersuchtsgefühle hervorrufen? Unklar bleibt, was genau einen Menschen zum Mörder macht, wie dieser innere Kampf verläuft. Für den Betrachter ist es, als ob sich der Vorhang ein wenig lüftet und für einen kurzen Moment einen beängstigenden Einblick in die dunkelsten Ecken der menschlichen Seelenlandschaft freigibt. Kann man vor den Menschen in seinem engsten Umfeld sicher sein? Und vor sich selber?

Laut Ermittlungsakte hatte Arnim K. angefangen, das Opfer in der Badewanne zu zersägen, sich dann aber doch entschlossen, die Polizei anzurufen. Er sagte der Dame am anderen Ende in sachlichem Ton, dass er seinen Partner getötet habe und sie jemanden vorbeischicken sollten. Die Polizistin fragte nach, ob sie richtig verstanden habe, und K. schrie nun aufgebracht, ob die »Arschlöcher« von der Polizei endlich kommen würden.

Vor dem Ermittlungsrichter räumte der Beschuldigte die Tötung ein, wollte aber nicht näher auf seine Motive eingehen. Es habe einen Streit gegeben und dann sei es eben passiert. Er habe gar nicht groß darüber nachgedacht. Der Richter wollte wissen, ob er heute schon etwas gegessen habe. Als die Frage verneint wurde, raschelte es kurz. Dann flog ein Schokoriegel vom Richtertisch in die eingezäunte Ecke, wo ihn Arnim K. überrascht auffing. Es war sicher nur gut gemeint, erinnerte aber trotzdem irgendwie an eine Raubtierfütterung. Zum Schluss gab es noch eine Ermahnung, dass man so nicht mit der Polizei umgehen könne. Das mit den »Arschlöchern« am Telefon sei eine Beleidigung gewesen. Ich traute meinen Ohren kaum. Der Beschuldigte hatte jetzt schließlich ganz andere Probleme, immerhin wurde die Untersuchungshaft wegen Mordes angeordnet. Er nahm es nur achselzuckend zur Kenntnis.

Die Feinde des Richters

Das Gastspiel als Ermittlungsrichter überstand ich unbeschadet. Vor mir lagen zwar jede Menge Akten, aber es waren nur zwei Tage, sagte ich mir immer wieder. Einige Fälle konnte ich ganz gut allein bearbeiten. Im Übrigen verteilte ich meine Fragen auf die anwesenden Ermittlungsrichter, Herrn Leisten sowie Henriette und Claudia, die anderen beiden Proberichterinnen, welche auch schon Einsätze als Ermittlungsrichter absolviert hatten. Ich musste nur einen Antrag auf Anordnung der Untersuchungshaft verhandeln.

Arndt R. arbeitete als LKW-Fahrer, war verheiratet und hatte zwei Kinder. Er brauche die Arbeit, um seine Familie zu ernähren, erklärte er mir. Das Problem war nur, dass ihm die Fahrerlaubnis entzogen worden war. Arndt R. war bereits zweimal wegen Fahrens ohne Fahrerlaubnis erwischt worden. Zuerst gab es eine Geld- und beim zweiten Mal eine sechsmonatige Freiheitsstrafe, deren Vollstreckung zur Bewährung ausgesetzt worden war. Nun hatten sie ihn das dritte Mal erwischt und er hatte bereits eine Nacht in der Justizvollzugsanstalt Moabit hinter sich. Es würde sicher wieder auf eine Freiheitsstrafe hinauslaufen und mit einer Bewährung konnte er eigentlich nicht mehr rechnen. Bezüglich seiner zweiten Strafe würde die Aussetzung zur Bewährung wohl auch widerrufen werden. Es sah nach einem längeren Gefängnisaufenthalt aus. Arndt R. gestand die Tat und beschwor mich, ihn nicht in Untersuchungshaft zu nehmen. Er wolle den Führerschein noch mal machen und die Zeit bis dahin gemeinsam mit seiner Familie durchstehen. Erst jetzt, in der engen Gefängniszelle, sei ihm wirklich klar geworden, wie leichtsinnig er seine Freiheit aufs Spiel gesetzt habe.

Sicher war er bei seiner letzten Verurteilung ausführlich über einen drohenden Strafvollzug belehrt worden. Aber wahrscheinlich hatte er den Gedanken daran schnell beiseitegewischt und sich erst in der vergangenen Nacht wirklich mit dem Thema Freiheitsstrafe auseinandergesetzt. Über eine Vollstreckung der Freiheitsstrafe zu reden ist eben doch etwas ganz anderes, als die Zellenwände von innen zu berühren. Genauso, wie ich mich mit dem Thema Mord erstmals eingehender beschäftigte, als ich einem Mörder gegenüberstand.

Ich war der Meinung, Arndt R. habe seine Lektion gelernt, und ließ ihn gehen. Später würde die zuständige Strafrichterin in der Hauptverhandlung entscheiden müssen, ob er noch eine allerletzte Chance bekommen sollte und die Vollstreckung der Freiheitsstrafe abermals zur Bewährung ausgesetzt werden konnte. Ich würde ihm diese Chance geben. Wie fast immer konnte man die Dinge jedoch auch ganz anders sehen und in Arndt R. den unbelehrbaren Wiederholungstäter erblicken, bei dem hart durchgegriffen werden musste. Sonst könnte ein potenzieller Täter ja denken, man könne sich drei Mal ohne Fahrerlaubnis erwischen lassen, ohne dass »etwas passiert«. Wie würde der Richter dastehen, wenn Arndt R. weiterfahren und jemanden schwer verletzen würde? Es war so oder so eine schwierige Entscheidung.

Am folgenden Montag war es schließlich so weit: Der Wochenlehrgang in der Richterakademie stand an. Vorher musste aber noch die Brandstiftungssache gegen Hamsa K. zu Ende verhandelt werden. In der Woche zuvor hatten wir einen weiteren Zeugen vernommen: Atip T., einen früheren Teilhaber, der sich nach einem Streit getrennt hatte. Atip T. erzählte von seinem Gespräch mit einer ehemaligen ukrainischen Ladenangestellten. Ihr zufolge hatte Hamsa K. gesagt, dass er den Laden abbrennen werde, sollte er sich nicht mehr rentieren.

Besser wäre es natürlich gewesen, die Ladenangestellte selbst zu vernehmen, aber sie war unauffindbar. Der Angeklagte versuchte nun mit seinem Verteidiger diese Zeugenaussage als unglaubhaft darzustellen. Atip T. habe von Hamsa K. vergeblich Geld zurückverlangt und wolle sich nun rächen. Es ging hin und her, aber es gelang ihnen nicht so richtig, den Zeugen schlechtzumachen. Schließlich war die Verhandlung zu Ende und die Plädoyers begannen. Der Staatsanwalt forderte drei Jahre Freiheitsstrafe und der Verteidiger Freispruch. Er betonte erneut, dass Hamsa K. nicht am Tatort gesehen worden war und weder der unbekannte Täter noch die Tatausführung beobachtet worden waren. Auch wenn der Brandbeschleuniger in dem Laden versprüht worden und die Tür beim Eintreffen der Feuerwehr verschlossen war und unbeschädigt, spreche dies nicht zwingend gegen seinen Mandanten. Er habe erklärt, seinen Zweitschlüssel kurz vorher verloren zu haben. Vielleicht habe ihn sogar jemand im Laden entwendet, um später den Brandanschlag durchzuführen. Immerhin seien auch diese Rechtsradikalen im Laden gewesen und hätten einen Stein durch die Scheibe geschmissen. Es blieben zumindest erhebliche Zweifel und dies müsse zum Freispruch führen. Zuletzt erhielt der Angeklagte das Wort. Er schloss sich den Ausführungen seines Verteidigers an und erklärte nochmals, dass er mit der ganzen Sache nichts zu tun habe. Er beteuerte seine Unschuld und mehrmals waren die Worte »Ich schwöre« zu hören. Wir gingen in das Beratungszimmer und schlossen die Türen hinter uns.

An der Innentür des Beratungszimmers hing ein alter, vergilbter Zettel. Darauf stand: »Wo du hörst die lautesten Schwüre, steht die Lüge vor der Türe.« Bevor wir mit der Beratung anfingen, betonte Herr Leisten, dass die Fakten zwar auf dem Tisch lägen, aber jeder, auch die Schöffen, völlig frei in seiner Entscheidung hinsichtlich der Schuldfrage sei. Man könne durchaus auch Zweifel an der Täterschaft haben, müsse aber nicht jeden theoretisch entfernt möglichen Tathergang berücksichtigen. Wir diskutierten, einigten uns aber schnell auf eine Verurteilung.

Schließlich kehrten wir in den Sitzungssaal zurück und Herr Raabe schloss die Saaltür auf, um die anderen Prozessbeteiligten hereinzulassen. Wir nahmen Aufstellung und verurteilten Hamsa K. zu zwei Jahren und drei Monaten Freiheitsstrafe. Wir setzten uns und Herr Leisten begründete mündlich das Urteil. Die Mindeststrafe lag bei einem Jahr. Es war erheblicher Schaden eingetreten und gerade in der Nachtzeit bestand eine reale Gefahr für ein Übergreifen des Feuers auf benachbarte Wohnhäuser. Herr Leisten musste den Angeklagten mehrmals wegen seiner Zwischenrufe ermahnen. Am Ende sprang Hamsa K. auf, rannte aus dem Saal und ließ die Tür knallend ins Schloss fallen. Herr Raabe öffnete sie wieder und rief ihm hinterher, dass er sich anständig benehmen solle.

Ich ging zurück ins Beratungszimmer, schnappte mir meine Aktentasche, schwang meine Robe über die Schulter und trat durch eine seitliche Verbindungstür direkt in den Gerichtsflur. Im Laufschritt machte ich mich auf den Weg zu meinem Dienstzimmer. Vor dem Gebäude wartete bereits ein Kollege im Auto, der mich nach Wustrau mitnehmen wollte. Ich kam an unserer Saaltür vorbei und an dem Angeklagten, der dort mit seinem Verteidiger sprach. Hamsa K. erkannte mich und verstand meine schnelle Gangart offensichtlich falsch. So als wolle ich mit schlechtem Gewissen den Ort einer grauenerregenden Rechtsbeugung verlassen. Er rief: »Ich ficke dich, du Richter«, und machte einen Schritt in meine Richtung, aber der Verteidiger hielt ihn am Arm fest. Mit einem Blick über die Schulter sah ich, wie er beruhigend auf den Angeklagten einredete.

Unbehelligt schaffte ich es aus dem Justizgebäude, wobei ich an Michael K. dachte, der mir in seiner verdunkelten Wohnung bewiesen hatte, dass seine Pistole nur eine Attrappe war. Schrammten Richter häufiger an solch gefährlichen Situationen vorbei? Ich nahm mir fest vor, nach meiner Rückkehr Herrn Leisten nach seiner Meinung dazu und hinsichtlich dieses Karatekurses für Richter zu fragen.

Am Nachmittag begann dann das Seminar in der Richterakademie Wustrau, einer von den Ländern und dem Bund getragenen Einrichtung zur Fortbildung der Richter und Staatsanwälte. Sie befindet sich nördlich von Berlin in einem schönen Herrenhaus, das Mitte des achtzehnten Jahrhunderts von dem preußischen Husarengeneral Hans Joachim von Zieten direkt am Südufer des Ruppiner Sees erbaut wurde. Das Haus ist umgeben von einem englischen Park mit altem Baumbestand, von dessen Flair Anfang Februar natürlich wenig zu spüren war. Aber mit etwas Phantasie konnte man sich das Reizvolle dieses Parks vom Frühling bis in den Spätherbst vorstellen, wenn die Sonnenstrahlen vom Wasser des Sees reflektiert werden und unruhige Bilder an die Unterseiten der Blätter der großen Bäume werfen. Die Gegend ist sehr dünn besiedelt und reich an Seen, die am Oberlauf der Havel wie Perlen an einer Kette aufgereiht sind. Nur wenige Sportboote finden den Weg über die vielen kleinen Schleusen hierher, und so herrscht selbst im Sommer Stille, die nur vom Rauschen der Bäume und, im Frühherbst, von den entfernten Schreien der Tausende von Kranichen aus dem nahen Linumer Luch durchbrochen wird, die dort eine Rast auf ihrem Weg in den Süden einlegen.

Die Tagung fand in dem Herrenhaus statt, während wir in angrenzenden Gästehäusern untergebracht wurden. Es ging um das häufigste, aber auch unzuverlässigste Beweismittel, den Zeugenbeweis – ein sehr sinnvolles Seminar, zu dem nur Proberichter in ihrem ersten Berufsjahr eingeladen waren. Blutige Anfänger, wenn man so will. Wir hatten während unserer langen Ausbildung zum Juristen viel über die Anwendung und Auslegung von Gesetzen in allen möglichen Rechtsgebieten gelernt und über die Prozessordnungen, mit deren Hilfe Recht und Gesetz zur Geltung gelangen sollen. Aber wann man einem Zeugen Glauben schenken kann und wann nicht, das war – bis auf ein paar Allgemeinplätze – nicht Teil unseres Lehrplans gewesen. Es ist auch keine juristische Frage im engeren Sinne, weshalb häufiger psychologische Gutachten herangezogen werden. Trotzdem ist die Bewertung von Zeugenaussagen letztlich Aufgabe des Richters. Bei sich widersprechenden Aussagen muss er versuchen herauszufinden, welcher der Zeugen die

Wahrheit sagt. Er kann sich nicht einfach auf ein Unentschieden – wie das 1:1 beim Fußball – zurückziehen, wenn der eine Zeuge A und der andere B sagt. Unser Referent erklärte, dass die vielen unzutreffenden Zeugenaussagen nicht nur auf Lügen beruhten. Wahrscheinlich genauso häufig trete der andere Feind der Wahrheit in Erscheinung, der Irrtum. Leider, meinte er, denn ihn müsse der Richter noch mehr fürchten. Menschen, die irren, geben ihre Erklärungen im Brustton der Überzeugung ab und glauben fest an deren Wahrheit. Es handelt sich meist um unbeteiligte Zeugen, die keinen Grund haben, die Unwahrheit zu sagen. Der Vortragende, selbst Richter am Oberlandesgericht, meinte, dass es sehr schwer sei, einem Irrtum auf die Schliche zu kommen. Trotzdem müsse ein Richter alles versuchen, ihn zu erkennen.

Wir besprachen die wichtigsten Quellen solcher Fehlvorstellungen. Es geht schon bei der Wahrnehmung los, die uns häufig täuscht, weil wir auf andere Sachen fokussiert und dadurch abgelenkt sind. Das machen sich auch viele Zauberer bei ihren Tricks zunutze. Eine große Bewegung verdeckt zum Beispiel die kleine, eine schnelle die langsame. Je mehr Zeit verstreicht, desto stärker verblasst die Erinnerung. Das ist auch kein Problem. Aber der Mensch neigt dazu, das Verbliebene wieder anzureichern. Der Zeuge erzählt dann nicht, wie es tatsächlich war, sondern wie es nach seinem rationalen Verständnis wohl gewesen sein *musste.* Völlig unbewusst natürlich.

Schließlich kann der Irrtum auch erst beim Richter entstehen, indem er den Zeugen falsch versteht. Kaum zu glauben, aber das komme in der Praxis recht häufig vor, meinte unser Referent. Manchmal dürften Zeugen nicht ausführlich im Zusammenhang berichten, sondern könnten nur auf Fragen reagieren, und das Gericht reime sich aus den Antworten den Sachverhalt zusammen. Nicht selten sehe der vernehmende Richter am Ende fälschlicherweise seine im Vorfeld angestellten Vermutungen bestätigt. Auf diesen Holzweg habe er sich aber selbst gebracht. Denn wer frage, der führe.

Nachdem wir uns einen Tag mit dem Horrorszenario des irrenden Zeugen herumgeschlagen hatten, stand das abendliche Freizeitprogramm auf dem Plan. In den Kellergewölben des Zieten-Schlosses lag eine nette Restauration, wo man sich mit anderen Proberichtern über die »Mühen der Ebene« des Berufsanfangs unterhalten konnte. Allerdings war die Akustik so schlecht, dass gerade noch der direkt gegenübersitzende Gesprächspartner zu verstehen war – auch weil man ihm auf den Mund schauen konnte. Mit dem Banknachbarn war es schon schwieriger, sodass die Gefahr bestand, sich auf die »Unterhaltung« mit den eigenen Getränken zu konzentrieren. Nach etwa zwei Stunden ging ich dann mit einigen Kollegen ins Gästehaus hinüber, zur Kegelbahn. Hier herrschte Hochbetrieb, während die zweite große deutsche Richterakademie in Trier ihre Bahn vor Kurzem stillgelegt hatte. Es hieß, dort sei ein Richter ausgerutscht und habe sich eine schwere Kopfverletzung zugezogen. Er sei dienstunfähig geworden und habe geklagt. Man munkelte, dass eine Menge Alkohol im Spiel gewesen war. Ich sah mit Sorge einem Kollegen zu, der trotz einer Versteifung im Kniegelenk eifrig am Kegeln war, wobei er sich nach dem Wurf mit zwei, drei Sprüngen auf dem versteiften Bein abfing. Es sah gefährlich aus, aber alles ging gut.

An den folgenden Tagen beschäftigten wir uns mit dem

lügenden Zeugen. Damit, herauszufinden, warum und wie er es tat. Uns wurden Protokolle von Zeugenaussagen aus großen Strafprozessen vorgelegt, die wir nach bestimmten »Kennzeichen« der Wahrheit und der Lüge durchsehen sollten. Diese »Signale« konnten viel bedeuten, aber auch nichts. Man müsse immer den Gesamtzusammenhang sehen. Als wäre das Ergebnis einer Beweiswürdigung ein großes Deckenfresko und diese Anzeichen nur einzelne Farbstriche. Wir machten Rollenspiele mit abgesprochenen Zeugenaussagen. Zum Schluss des Seminars gab es noch eine Einführung in die Grundregeln der Körpersprache. Wir sahen Bücher von Samy Molcho durch, der die Ansicht vertritt, dass Menschen durch ihre Haltung, Mimik und Gestik oft unbewusst zeigen, was sie wirklich denken und fühlen. Oder dass Menschen noch lange nicht »schweigen«, nur weil sie gerade nicht reden. So wie zum Beispiel der Patient seine Abneigung gegenüber der Tätigkeit des Zahnarztes dadurch zum Ausdruck bringt, dass er sein Gesicht trotz mehrfacher Aufforderung immer wieder unmerklich vom Zahnarzt abwendet und die Öffnung des Mundes verkleinert. Anders als kleine Kinder, die auch mal kräftig zubeißen, unterdrücken wir natürlich diesen Impuls. Aber das unangenehme Gefühl bleibt da und ist für den geschulten Beobachter sichtbar. Unser Referent erklärte, dass schon die Art, wie ein Zeuge auf seinem Stuhl sitze, nützliche Informationen liefere. Halte sich der Zeuge im Oberkörper aufrecht, dem Gesprächspartner zugewandt, signalisiere das Vitalität und natürliches Interesse. Wenn er beispielsweise aber gerade zu etwas Ja sage und sich dabei plötzlich zurücklehne, so signalisiere er damit die Distanzierung von den eigenen Worten. Das körperliche Signal komme unbewusst und sei wichtiger als die verbale Zustimmung. Der Zeuge fühle sich offenbar unwohl bei seiner Antwort. Jemand fragte, ob das Zurücklehnen nicht auch einfach von Rückenschmerzen herrühren könne. Alle lachten, auch der Kursleiter. Das sei natürlich möglich, aber wenn die Bewegung in direktem Zusammenhang mit der Beantwortung einer Frage stehe, sei das schon eine Auffälligkeit, die zur Vorsicht mahnen und Anlass für genaueres Nachfragen sein sollte. Nonverbale Zeichen sollten verbal überprüft werden. Nachdem wir uns dann noch mit so wichtigen Signalgebern wie den Händen und Armen beschäftigt hatten, war die Woche vorbei. Viel zu schnell, wie ich fand.

Vom Finden und Begründen richterlicher Überzeugung

Nach der Seminarwoche wollte ich meine neu erworbenen Kenntnisse sofort anwenden. Ich musste Herrn Leisten meinen Urteilsentwurf zur Brandstiftung im Fall Hamsa K. vorlegen. Das Kernstück, das auch die anderen Beteiligten am meisten interessierte, war natürlich die Beweiswürdigung. Hier gab es eigentlich kaum zweifelhafte Zeugenaussagen, die man kritisch hinterfragen musste. Die Polizei- und Feuerwehrbeamten hatten keinerlei eigene Interessen und konnten sich auf ihre schriftlichen Berichte stützen, die sie kurz nach dem Brand erstellt hatten. Einzig bei Atip T., dem ehemaligen Geschäftspartner des Angeklagten, konnte man sich fragen, ob er die Äußerung der ukrainischen Ladenangestellten erfunden hatte, wonach Hamsa K. den Laden anzünden wollte, wenn er nicht mehr gut laufen würde. Zwar war der Zeuge Atip T. mit dem Angeklagten ziemlich zerstritten. Würde er aber aus Rache eine vorsätzliche Falschaussage und falsche Verdächtigung riskieren? Ich schrieb: »Und dann kommt noch der Zeuge Atip T. ins Spiel. Seine Aussage war detailliert und das Gericht hatte nicht den Eindruck, dass die geschäftlichen Streitigkeiten mit dem Angeklagten auf die Glaubhaftigkeit seiner Aussage durchschlugen. Dabei muss auch berücksichtigt werden, dass der Name der ukrainischen Ladenangestellten bekannt ist. Sollte sie später gefunden werden, könnte die Richtigkeit der Aussage leicht überprüft werden. Atip T. könnte dann wegen Falschaussage überführt werden. Diese Verflechtung spricht für den Wahrheitsgehalt der Bekundungen des Zeugen Atip T.«

Das mit der »Verflechtung« hatte ich in dem Wustrauer Seminar gelernt. Lügengeschichten enthalten wenige Punkte, die mit anderen Beweismitteln überprüft werden können. Zumindest im entscheidenden Bereich. Den Ausdruck »ins Spiel kommen« hatte ich einer Originalbeweiswürdigung unseres Seminarleiters entnommen. Insgesamt war ich recht stolz auf meine Formulierungen, aber Herr Leisten fand sie ziemlich schlecht. »Wir bringen niemanden ins Spiel«, meinte er zu mir. Auch das mit der Verflechtung fand er zu weit hergeholt. Die ukrainische Ladenangestellte sei längst abgetaucht. Vielleicht hatte sie auch einen falschen Namen angegeben. Niemand könne wissen, ob Atip T. – sollte er gelogen haben – so umsichtig wäre, um mit dem Wiederauftauchen der Zeugin zu rechnen. Herr Leisten meinte, er habe sich richtig geärgert, als er meinen Urteilsentwurf zu Hause las. Ich erschrak zuerst ob dieser deutlichen Worte, zumal er sich sonst bei Fehlern anderer sehr zurückhielt. Ich dachte an Frau Weiz, unsere Protokollführerin, die gern mal so kleine Details wie Geständnisse im Protokoll vergaß. Aber Herr Leisten ging sicher davon aus, dass ich ein dickeres Fell hatte, überlegte ich weiter. Außerdem stand ich noch am Anfang meiner Richtertätigkeit, und seine – auch deutliche – Kritik diente letztlich dazu, mich fachlich voranzubringen. Er erklärte mir, dass es ausreiche, die einzelnen Indizien aufzuzählen, auf die wir unsere Überzeugung stützten. Man müsse nicht schreiben, ob das Brandsachverständigengutachten belastender wirke als die Aussage des Atip T. oder die Telefonanrufe auf dem Handy des Angeklagten kurz nach der Tat. Da könne man unterschiedlicher Meinung sein und es gehe schließlich um das Gesamtbild.

Ich musste die Beweiswürdigung noch mal schreiben. Herr Leisten bot mir aber an, künftig mit mir vorab die Eckpunkte der Beweiswürdigung eines Urteils abzusprechen. Davon machte ich rege Gebrauch und konnte so grobe Fehlentwürfe verhindern.

Schon am Montag nach dem Seminar nahmen wir unseren nächsten Fall auf. Anna S. war Kriminalbeamten zufällig im Rahmen einer Telefonüberwachung ins Netz gegangen. Sie hatte mit Leuten telefoniert, deren Apparate abgehört wurden, und der Verdacht entstand, dass sie sich als Mitglied einer Bande an Diebstählen beteiligte. Die Überwachung wurde daraufhin auf ihren Anschluss ausgeweitet.

Schließlich wurde sie nach einem Diebstahl festgenommen und ihre Wohnung durchsucht, wo über hundert Bekleidungsstücke mit Preisschildern gefunden wurden. Anna S. stritt alles ab, aber bei den Telefongesprächen waren die jeweiligen Beutezüge genau abgesprochen worden. Die Polizei stieß außerdem auf Postbelege, wonach die Angeklagte über ein Jahr lang etwa alle zwei Wochen Pakete mit einem Gewicht von jeweils circa neunzig Kilogramm in ihre Heimat geschickt hatte. Das Hauptproblem für die Ermittlungsbehörden lag darin, die gefundenen Gegenstände konkreten Warenhäusern zuzuordnen. Es gab zwar Artikelnummern, jedoch hatten die meisten Geschäfte den Diebstahlschaden bereits ausgebucht und über ihre Versicherungen reguliert. Es bestand von deren Seite kaum Interesse, größeren Aufwand zu betreiben, um die Täter zu überführen. Es blieben jedoch etwa zwanzig Fälle übrig, die angeklagt wurden.

Herr Leisten teilte zu Beginn der Verhandlung der Verteidigerin mit, dass er sich bei einem Geständnis für eine Bewährungsstrafe einsetzen würde. Mit den beiden Schöffen und mir hatte er das bereits abgesprochen. Aber die Angeklagte beharrte auf ihrer Unschuld. Die Hauptverhandlung begann und Herr Leisten erläuterte Anna S. noch mal, dass die Beweislage gegen sie spreche und die gesamten Abhörprotokolle abgespielt werden müssten. Das könne sehr peinlich werden. Aber die Angeklagte ließ sich nicht umstimmen. Dabei war der Polizei in den zur Verhandlung stehenden Fällen der Nachweis gelungen, wann die Stücke in welchem Kaufhaus gestohlen worden waren, und es gab die Diebstahlsverabredungen am Telefon. Die Argumentation von Herrn Leisten fand ich völlig stichhaltig. Anna S. erwartete nach Aktenlage mit ziemlicher Sicherheit eine Freiheitsstrafe. Wenn sie die Tat begangen hatte, konnte ein Geständnis strafmildernd wirken und damit die Vollstreckung zur Bewährung ausgesetzt werden. Worauf Herr Leisten mit der »Peinlichkeit« anspielte, konnte ich mir denken. Der Inhalt privater Telefongespräche gehört zur geschützten Privatsphäre und eine Überwachung setzt daher eine richterliche Anordnung voraus, die nur beim Verdacht auf sehr schwere Taten erlassen werden darf. Aber richtig nachvollziehen konnte ich die Bedeutung dieses Schutzes für den Abgehörten erst, als die Bänder abgespielt wurden. Das ging über mehrere Verhandlungstage und ich erfuhr sehr viel über Anna S. Zuerst fiel mir auf, dass sie und die anderen mutmaßlichen Bandenmitglieder sich sehr gut im deutschen Strafrecht auskannten. Sie unterhielten sich über die »Preise«

für bestimmte Strafverfahren, wann der Täter nur eine Geldstrafe bekomme und unter welchen Umständen die Vollstreckung einer Freiheitsstrafe zur Bewährung ausgesetzt werde. Es ging um mehrere Mittäter, die in Deutschland zu einer Bewährungsstrafe verurteilt worden waren und lieber nach Litauen zurückgingen, um nicht erneut geschnappt zu werden und ins Gefängnis zu kommen. Sie nahmen dort die gestohlenen Waren entgegen und veräußerten sie weiter. Dann hörten wir von den Verabredungen zu den Diebstählen, wobei die Vorteile bestimmter Warenhäuser und Geschäfte im Hinblick auf die Sicherheitsvorkehrungen erörtert wurden. Einmal hatte Anna S. ihren Rucksack mit Geldbörse und Ausweis in der S-Bahn liegen lassen. Ein ehrlicher Finder hatte alles beim Fundbüro abgeliefert, erzählte sie lachend am Telefon. So seien sie eben, die Deutschen.

Nebenbei verdiente sie sich offenbar etwas durch die »Betreuung« von Litauern, die sich fernab der Heimat einsam fühlten. Am Telefon berichtete ihr eine Freundin, dass der XY ja so alleine sei und diesen oder jenen Betrag für Zärtlichkeiten zahle. Einer wollte ihr einen gemeinsamen Skiurlaub finanzieren. Anna S. war Anfang dreißig und gutaussehend. Wir hörten zu und sahen sie an, während sie auf den Boden schaute und auch etwas weinte. Schließlich legte sie über ihre Verteidigerin ein Geständnis ab. Ja, sie habe sich mit anderen verabredet, um die Kleidungsstücke zu stehlen und nach Litauen zu verschicken. Aber ihr sei es nicht so sehr um das Geld gegangen. Das Stehlen als solches habe sie berauscht. Das Spiel mit der Gefahr und der Triumph des Erfolgs hätten wie ein Sog auf sie gewirkt. Sie habe gar nicht anders gekonnt. Es sei eine Sucht.

Wir bewerteten das späte Geständnis strafmildernd und

verurteilten sie wegen Bandendiebstahls zu zwei Jahren Freiheitsstrafe, deren Vollstreckung zur Bewährung ausgesetzt wurde. Den Hinweis auf das Suchtverhalten ließen wir nicht gelten, weil Anna S. die Taten zumindest auch deshalb begangen hatte, um eine Geldquelle zu haben, und sich innerlich frei entscheiden konnte, ob sie stehlen wollte oder nicht.

Auf dem Weg zurück zu unserem Zimmer erklärte mir Herr Leisten, dass man aufgrund von Kleptomanie, auch Stehlsucht genannt, nur dann eine Schuldminderung im Strafprozess erreichen könne, wenn ein Arzt sie als Symptom einer psychischen Erkrankung diagnostiziert hatte. Vor einiger Zeit hatte ich den Aufsatz eines forensischen Psychiaters gelesen, dem zufolge Kleptomanie nach der Französischen Revolution als Ausnahmeregelung für sozial Höhergestellte »erfunden« wurde. Es ging vor allem um die Adligen, die beim Festbankett goldene Löffel verschwinden ließen oder in der Anonymität der aufkommenden Kaufhäuser etwas mitgehen ließen. Angeblich hätten es diese Adligen nicht nötig gehabt zu klauen, weshalb »etwas« mit ihnen nicht stimmen konnte. Tatsächlich aber, so meinte der Psychiater, haben die meisten Ladendiebe (täglich werden in der Bundesrepublik etwa zweitausend erwischt) den Diebstahl finanziell nicht nötig. Was das Argument anbelange, dass der Kleptomane die gestohlenen Gegenstände häufig gar nicht gebrauchen könne, müsse man bedenken, dass sich für fast alles ein Hehlermarkt finden lasse. Außerdem leide seine Frau ja auch nicht unter einer psychischen Krankheit, und die kaufe ständig Sachen, für die sie eigentlich gar keine Verwendung habe.

Die Zeit außerhalb der Sitzungen brachte ich damit zu,

die ausgesprochenen Urteile, wie gerade im Fall von Anna S., zu schreiben. Im Übrigen vertrat ich mehrere Wochen lang das Dezernat von verschiedenen Richtern, die gerade in Urlaub waren. Ich schleppte die Akten zum Teil quer durchs Kriminalgericht, wobei ich mindestens drei Gänge brauchte, bis ich alles in unserem Zimmer hatte. Ich hätte die Akten auch vor Ort bearbeiten können, aber wenn mir Herr Leisten gegenübersaß, konnte er schnell die eine oder andere Frage beantworten. Gleiches galt für Henriette und Cornelia, zwei Zimmer weiter. Im Prinzip kam ich mit der Arbeit jedoch ganz gut zurecht, da es ordentlich geführte Abteilungen waren, deren Richter nur kurz abwesend waren. Es ging nicht um solch riesige Aktenstapel, wie sie Henriette täglich für ihre Vertretung des ungeliebten Richters ins Zimmer getragen wurden.

Der mysteriöse Pudel von Mehmet Z.

Wenige Tage später begann der Prozess gegen die drei mutmaßlichen Drogendealer Sedat C., Umar K. und Mehmet Z. Zur Vorbereitung hatte ich mir die Anklage und die wichtigsten Zeugenaussagen durchgelesen. Die Anklage lautete auf Handel mit Betäubungsmitteln in nicht geringer Menge, wofür eine Mindeststrafe von einem Jahr vorgesehen war. Ich fragte Herrn Leisten, wieso nicht gleichzeitig das Handeln als Mitglied einer Bande, die sich zur fortgesetzten Begehung solcher Taten zusammengeschlossen hat, mit angeklagt wurde. Dann ginge es um eine Freiheitsstrafe nicht unter fünf Jahren, und das Ganze wäre ein Fall für die große Strafkammer. Herr Leisten erklärte, dass auch er die Angeklagten für Mitglieder einer Bande halte. Die Staatsanwaltschaft nehme das sicher ebenfalls an, nur beweisen könne man es nicht. Mir wollte das nicht einleuchten. Die Drogendealer hatten doch ein klares System installiert, wonach sie ihre Drogen in immer den gleichen arbeitsteiligen Schritten im Park verkauften. Über Wochen und Monate. Herr Leisten lächelte nur und sagte, dass ich noch sehr jung sei und meine eigenen Erfahrungen machen würde. Der Bandenbegriff sei so kompliziert und von zahlreichen Urteilen des Bundesgerichtshofs so eingeengt worden, dass ein Nachweis in vielen Fällen überhaupt nicht mehr möglich sei. Es sei so, als wolle ein Schiff bei hohem Seegang den

Weg zwischen Untiefen und steilen Felsen in einen Hafen finden. An irgendeiner Klippe bleibe es immer hängen.

Der Verhandlungstermin war bereits einmal verlegt worden, was mir die Teilnahme an der Tagung in Wustrau ermöglicht hatte. Wie Herr Leisten bereits vermutet hatte, kam ein Deal nicht in Betracht. Insbesondere der Verteidiger des Sedat C., Dr. Waske, wollte einen Freispruch, und so begann die Hauptverhandlung. Herr Leisten hatte drei Verhandlungstage mit insgesamt fünf Zeugen vorgesehen. Zwei Zeugen am ersten Tag, drei am zweiten. Der letzte Tag sollte im Wesentlichen für Plädoyers, Beratung und Urteilsverkündung genutzt werden.

Als Erster wurde der Polizeibeamte Masut P. von Herrn Leisten vernommen. Er erzählte, wie er die Angeklagten im Park beim Drogenhandel beobachtet hatte, aufgefallen sei ihm dabei, dass der Angeklagte Mehmet Z. häufig dort aufgetaucht sei. Mehrmals am Tag und damit viel zu oft für einen Konsumenten. Er habe einen Hund dabeigehabt und wie eine Verbindungsperson gewirkt. Herr Leisten fragte, ob er irgendwelche Drogen gesehen habe. Das auf die Entfernung natürlich nicht, aber das Herumstehen in der Mitte des Parks und die Kontakte zu den anderen »Parkbesuchern« seien für ihn eindeutig gewesen. Immerhin wisse man bei der Polizei, wie der Drogenhandel so ungefähr ablaufe. Herrn Leisten interessierte nun, ob er die Angeklagten Sedat C. und Umar K. eindeutig identifizieren könne. Auch da war sich der Zeuge sicher. Er habe sie öfter gesehen. Insbesondere Umar K. könne man gar nicht übersehen. Tatsächlich hatte Umar K. den Brustumfang eines Bodybuilders und fiel vor allem durch seine Bartpracht sowie das bis unter die Schultern reichende, gelockte Kopfhaar auf, das ihm das

Aussehen eines dieser babylonischen Könige gab, die im Pergamon-Museum zu besichtigen sind.

Sodann berichtete Masut P. von der Wohnungsdurchsuchung bei Mehmet Z., dem Geld, das sie bei den Angeklagten Sedat C. und Umar K. gefunden hatten, und natürlich den geständigen Angaben, die Mehmet Z. ihm gegenüber gemacht hatte. Zwar wollte Mehmet Z. von diesem Geständnis mittlerweile nichts mehr wissen und berief sich auf sein Recht als Angeklagter, jegliche Angaben zu verweigern. Das frühere Geständnis konnte aber trotzdem verwertet werden, indem die Polizeibeamten davon als Zeugen berichteten. Es war ein schweres Indiz gegen die Angeklagten.

Die Vernehmung durch Herrn Leisten hatte etwa 45 Minuten gedauert. Da der Staatsanwalt keine weiteren Fragen hatte, waren nun die Verteidiger dran. Der Verteidiger Dr. Waske hatte einen Laptop geöffnet, auf dem er ständig irgendwelche Sachen schrieb. Er lugte über den Bildschirmrand zum Zeugen, während er mit seinen Fragen begann. Es ging mit der Person des Angeklagten Mehmet Z. los. Woher der Zeuge wissen wolle, dass Mehmet mit den anderen Angeklagten im Park und auf dem U-Bahnhof kommuniziert habe? Könne Mehmet nicht auch einfach seinen Hund Gassi geführt haben? Der Zeuge Masut P. verneinte und erläuterte seine entgegengesetzten Wahrnehmungen. Dr. Waske hörte zu und hackte dabei weiter auf seinen Tasten herum. Was für einen Hund habe Mehmet Z.? Die Hunderassen wurden erörtert. Ich war ziemlich belustigt und schaute zu Herrn Leisten hinüber, der aber einfach nur zuhörte. Schließlich gab der Verteidiger zu erkennen, dass Mehmet Z. einen Pudel hatte. Nun wurde der Zeuge zu der Farbe des Pudels befragt. Der Zeuge wusste es nicht und Dr. Waske verallgemeinerte die Frage, ob er eher dunkel oder hell sei. Herr Leisten schaltete sich nun ein, um die Sache ein wenig abzukürzen. Er erklärte, dass die Farbe des Pudels nun wirklich nichts mit dem Fall zu tun habe, und bat um weiterführende Fragen, die den Fall selbst betrafen. Ich hatte schon häufiger solche Vorgaben von Herrn Leisten an die Prozessbeteiligten (auch mal an den Staatsanwalt) gehört und ihnen war jedes Mal zumindest in gewissem Umfang Folge geleistet worden. Aber Dr. Waske ließ sich darauf überhaupt nicht ein. Aufgeregt erklärte er, dass das Gericht seine Verteidigungsstrategie nicht unterbrechen solle. Er habe das Gericht schließlich auch gewähren lassen. Jetzt habe der Zeuge Zeit gewonnen, um sich eine Strategie zurechtzulegen, und er, Dr. Waske, müsse noch mal von vorn anfangen. Ich überlegte, welche Strategie der Zeuge denn verfolgen sollte, er musste ja einfach nur seine Kenntnisse aus dem Ermittlungsverfahren mitteilen. »Aber der Hund …«, begann Herr Leisten. »Das wird sich alles aufklären«, unterbrach ihn der Verteidiger. »Meine Vernehmung knüpft mehrere Detailfragen zusammen und am Ende wird sich alles aufklären.« Herr Leisten gab dem mit einer unwilligen Handbewegung nach, die an das Verscheuchen lästiger Fliegen erinnerte. Er bat aber Dr. Waske nochmals darum, zum Punkt zu kommen.

In Goethes ›Faust‹ erscheint Mephistopheles dem Faust als Pudel, und als er sich vor ihm verwandelt, ruft Faust erstaunt: »Das also war des Pudels Kern.« Doch unsere Zweifel, dass der Pudel von Mehmet irgendwelche Erkenntnisse für unser Strafverfahren bringen würde, stiegen mit dem Fortschreiten des Uhrzeigers. Die Fragen von Dr. Waske blieben banal, und außer dem einen oder anderen Wortgefecht zwischen dem Verteidiger und dem Zeugen gab es nichts Bemerkenswertes. In gleichem Maße sank die Hoffnung, in absehbarer Zeit zu dem von Dr. Waske angesprochenen »Ende« gelangen zu können. Es war fast 15 Uhr und Dr. Waske war nach wie vor bei den Beobachtungen im Park. Zu dem Geschehen bei der Durchsuchung und dem Geständnis war er noch gar nicht gekommen. Ganz zu schweigen von dem zweiten Zeugen, der vor dem Sitzungssaal wartete und an dem Tag auch noch vernommen werden sollte.

Nachdem Dr. Waske Fragen zu den Farben der Kleidung gestellt hatte, welche die Angeklagten im Park getragen hatten, kehrte er zu Mehmets Pudel zurück und erkundigte sich über die Beschaffenheit der Hundeleine. Ob man sie auf bis zu fünf Meter ausziehen könne. Das war nun auch Herrn Leisten zu viel. Kopfschüttelnd unterbrach er die Vernehmung: »Also nein, Herr Dr. Waske! Die Frage weise ich zurück. Das hat überhaupt nichts mit dem Fall zu tun.« Dr. Waske gab sich völlig erschüttert und meinte, er müsse sich schon sehr über das Gebaren des Vorsitzenden wundern. Er forderte einen Gerichtsbeschluss, den wir nach kurzer Unterbrechung erließen und mit dem die Frage zurückgewiesen wurde. Der Verteidiger zeigte sich erneut entrüstet, stellte nun aber eine andere Frage. Gegen 16 Uhr beendete Herr Leisten den Sitzungstag.

Protokollführer und Wachtmeister haben bestimmte Dienstzeiten, auf die Rücksicht genommen werden muss, und natürlich lässt auch die Konzentration der Prozessbeteiligten nach. Trotzdem gibt es den einen oder anderen Kollegen, der auch noch bis in die Abendstunden verhandeln will. So jemand zieht sich aber schnell den Unmut der anderen Bediensteten zu. Besonders auffällige Kollegen bekommen sogar einen Spitznamen wie etwa »Mondschein-Werner«.

Herr Raabe brachte den zweiten Zeugen herein und Herr Leisten entließ ihn für diesen Tag. Er hatte fünf Stunden vor der Tür gewartet und musste sich am nächsten Verhandlungstag wieder einfinden.

Auf dem Weg in unser Richterzimmer meinte Herr Leisten nachdenklich, dass er wohl zwei der für den nächsten Sitzungstag vorgesehenen Zeugen wieder abladen würde. Offenbar sei Dr. Waske mit dem ersten Zeugen noch nicht annähernd fertig, sodass wohl bestenfalls noch der zweite und der dritte Zeuge vernommen werden könnten. Den anderen könne er das Herumsitzen vor dem Saal nicht zumuten. Ich fragte ihn, wie lange denn die Befragung des Polizeibeamten Masut P. noch dauern würde. Das wisse er auch nicht, meinte Herr Leisten, aber sicherlich sei die Vernehmung am nächsten Sitzungstag zu Ende und bei den weiteren Zeugen gehe es dann schneller. Mir war aufgefallen, dass Masut P. die stundenlange Vernehmung anscheinend nicht störte, er antwortete in aller Seelenruhe oder entgegnete Dr. Waske sogar recht schnippisch. Herr Leisten gab grinsend zu, dass er das auch schon bemerkt habe. Aber schließlich habe Masut P. ja viel Zeit, wo er doch wegen des Verdachts auf Drogenhandel vom Dienst suspendiert sei.

Der zweite Verhandlungstag begann, wie der letzte aufgehört hatte. Dr. Waske war mittlerweile dazu übergegangen, Masut P. nach dem gegen ihn selbst laufenden Ermittlungsverfahren zu befragen. Herr Leisten hatte den Zeugen nochmals ausdrücklich belehrt, dass er keine Angaben zu machen brauche, die ihn selbst belasten würden. Masut P. gab zu, wegen des Vorwurfs des Drogenhandels vom Dienst suspendiert zu sein. Zu den Einzelheiten machte er jedoch keine Angaben. Vor allem, weil er den genauen Akteninhalt gar nicht kenne. Dr. Waske beantragte nun, das Ermittlungsverfahren gegen Masut P. zur Beurteilung der Glaubwürdigkeit des Zeugen beizuziehen. Herr Leisten lehnte das ab. Der Verteidiger beantragte einen Beschluss des gesamten Gerichts, sodass wir uns zur Beratung zurückziehen mussten. Mittlerweile war es bereits wieder 12.30 Uhr, ohne dass ein Ende der Vernehmung abzusehen war. Herr Leisten kündigte eine Unterbrechung von 45 Minuten für die Mittagspause an und wies Herrn Raabe an, den wartenden Zeugen mitzuteilen, dass sie binnen einer Stunde wieder vor dem Saal zu erscheinen hätten, da ihre Vernehmung nun bald beginnen würde. Dabei lächelte er Dr. Waske schalkhaft an. Ich verstand das als dezenten Hinweis, der Verteidiger solle endlich ein Einsehen haben und irgendetwas wie »Ja, ich bin gleich fertig. Ich weiß ja, dass der Laden weitergehen muss« sagen. Aber Dr. Waske ließ nur ein breites Grinsen auf seinem Gesicht erscheinen, bei dem man nicht wusste, ob er mit oder über uns lachte.

In der Mittagspause gingen wir in einen kleinen Imbiss an der Ecke, »Ottis Grill«. Er wurde von drei Brüdern betrieben und hatte ein paar Sitzplätze. Mir gefiel ein Restaurant besser, das zwei Straßen weiter lag und das leckere Linguini sowie andere Pastagerichte auf der Karte hatte. Aber dort musste man stehen und das wollte sich Herr Leisten beim Essen nicht mehr antun. In »Ottis Grill« gab es Currywurst oder Kebab und hinterher den obligatorischen türkischen Tee. Hier war Herr Leisten Stammkunde und wusste, welcher Bruder in der Küche arbeitete, und welcher nicht an die Kasse durfte, weil er sich zu oft verrechnet hatte. Der große Vorteil war, dass es schnell ging und wir rechtzeitig in den Saal zurückkommen würden. Das mit dem Disziplinarverfahren von Masut P. war natürlich eine vertrackte Angelegenheit, aber Herr Leisten meinte, dass er jetzt nicht den ungewissen Ausgang dieses Ermittlungsverfahrens abwarten könne. Sollte Masut P. des Drogenhandels überführt werden und hätte er die Angeklagten nur deshalb verfolgt, um missliebige Konkurrenz loszuwerden, ändere das auch nichts am Sachverhalt, an den belastenden Beweisen gegen Sedat C., Umar K. und Mehmet Z.

Nach der Mittagspause gab es keine Neuigkeiten. Wir versuchten ein paar Mal unsinnige Fragen von Dr. Waske ganz schnell zurückzuweisen, indem wir uns für den Gerichtsbeschluss gar nicht mehr zur Beratung zurückzogen, sondern uns durch Kopfnicken verständigten. Aber er hatte immer neue Fragen, die er seinem Laptop zu entnehmen schien, dessen Dateien er ständig hoch und runter scrollte. Der zweite Verhandlungstag näherte sich seinem Ende, ohne dass Dr. Waske von der Befragung des Zeugen abließ. Die beiden anderen Zeugen warteten mit Einverständnis von Herrn Leisten in der Cafeteria des Gerichts. Mit Schrecken dachte ich daran, was eigentlich wäre, wenn die anderen Verteidiger nun auch noch Fragen an Masut P. hätten? Schließlich ließ Herr Leisten alle Zeugen hereinrufen und entließ sie. Er kündigte an, dass der Prozess ausgesetzt und wegen Terminproblemen später neu verhandelt werden müsse. Ob das Dr. Waske und den anderen Verteidigern zupassekam, konnte ich nicht erkennen. Ihre Gesichter blieben ernst, als sie ihre Sachen einpackten und mit den Angeklagten den Saal verließen.

»Na, Herr Leisten, das war wohl nichts, was?«, lachte die Protokollführerin Frau Weiz. Hinter uns schloss Herr Raabe ab und fragte Herrn Leisten, was für ein Problem dieser Verteidiger denn habe. Der würde ja gar nicht fertig werden. Erwartungsvoll schaute er zu ihm hoch und hoffte auf eine rationale Erklärung, aber Herr Leisten hatte keine. Er hätte den Prozess am liebsten über die geplanten drei Verhandlungstage hinaus fortgeführt. Das Problem war nur, dass ihm der Sitzungssaal lediglich an zwei Tagen in der Woche zur Verfügung stand. Die nächsten Prozesse waren bereits angesetzt, Zeugen waren geladen usw. Sollte der Prozess gegen die Drogendealer nicht binnen drei Wochen fortgesetzt werden, musste er nochmals von Neuem beginnen. So steht es in der Strafprozessordnung. Zwar kann der Vorsitzende kurze Übergangstermine anberaumen, an denen beispielsweise nur binnen zwanzig Minuten eine Urkunde verlesen wird. Doch Herr Leisten hatte bereits die Sitzungstage für die kommenden zwei Monate mit anderen Strafverfahren belegt, und es war gar nicht so einfach, alle Prozessbeteiligten (Angeklagte, Verteidiger, Schöffen) terminlich unter einen Hut zu bekommen. Daher die Aussetzung. Die ganze bisherige Verhandlung war vergebens. Ich war sauer und fragte, ob es keine Möglichkeit gebe, in so einem Falle dem Verteidiger irgendwann generell das Fragerecht für einen Zeugen zu entziehen. Aber nach der Strafprozessordnung kann immer nur eine konkrete Frage zurückgewiesen werden. Dann kann eine neue gestellt werden. Dr. Waske konnte ewig fragen! Ich wollte wissen, ob die Verteidiger und Angeklagten über die Aussetzung glücklich seien. Vermutlich, antwortete Herr Leisten, immerhin seien Letztere auf freiem Fuß. Säßen sie in Untersuchungshaft, sähen die Dinge völlig anders aus. Die Untersuchungshaft sei wegen des ständigen Zelleneinschlusses bei geringen Freizeit- und Arbeitsmöglichkeiten kaum zu ertragen. Alles sei besser als Untersuchungshaft. Die Angeklagten würden dann auf eine schnelle Entscheidung drängen, so oder so.

Wenn das Fernsehen kommt

Es blieb keine Zeit, länger über diesen Fall nachzudenken, denn der nächste größere Prozess wartete schon. Herr Leisten hatte mich bereits auf ein erhebliches Medieninteresse hingewiesen. Sarah P., die Tochter eines prominenten und sehr vermögenden jüdischen Schauspielers und Theaterbesitzers aus Hamburg, betrieb ein Asylantenwohnheim. Pro Flüchtling zahlte das Land einen hohen Tagessatz. Ein lukratives Geschäft. Das Asylantenheim der Sarah P. war bereits überfüllt. Trotzdem nahm sie weitere Flüchtlinge auf und brachte sie illegal in ganz normalen Berliner Mietwohnungen unter. Ihr wurde vorgeworfen, für Asylanten hohe Unterbringungskosten gegenüber dem Land geltend gemacht zu haben, obwohl die Wohnungsmiete viel billiger war. Die Anklage lautete auf gewerbsmäßigen Betrug. Als wir zum Sitzungssaal kamen, wimmelte es vor der Tür schon von Presseleuten. Scheinwerfer gingen an und der zuständige Staatsanwalt gab ein Fernsehinterview. Es handelte sich um ein älteres Verfahren, das sein Vorgänger eingestellt hatte, weil ein Betrug nicht nachweisbar sei. Der jetzige Dezernent sah das anders, und man kann ein einmal eingestelltes Verfahren ohne Weiteres wieder aufnehmen. Trotzdem war das ungewöhnlich, und der Vater der Angeklagten hatte im Vorfeld verlauten lassen, dass der Staatsanwalt es vielleicht genauer als sonst nehme, weil die Angeklagte jüdischer Herkunft sei. Aber der Schuss ging etwas nach hinten los, da sich herausstellte, dass Mitglieder der Familie des Staatsanwalts zu den Verfolgten des Hitlerregimes zählten. Trotzdem gab es Gerüchte, dass der Staatsanwalt die Sache nicht wieder aufgerollt hätte, wäre nicht aufgrund der Prominenz der Familie der Angeklagten ein gewisses Medieninteresse voraussehbar gewesen. Diese Vermutungen führten natürlich nicht weiter, schließlich hatte der Staatsanwalt genau das getan, was von ihm erwartet wurde. Betrug blieb Betrug und in einem so schweren Fall musste natürlich Anklage erhoben werden.

Herr Raabe rannte aufgeregt hin und her und musste Neugierige zurückweisen, die den Saal schon betreten wollten, obwohl der Aufruf zur Sache noch nicht erfolgt war. Gleichzeitig galt es mit den Leuten vom Fernsehen technische Fragen zu regeln (wo gibt es im Sitzungssaal Steckdosen, wo liegen die Kabel am besten etc.). Eine Verhandlung ist zwar öffentlich, Filmaufnahmen davon sind jedoch verboten, so steht es im Gerichtsverfassungsgesetz. Das ist nicht in allen Ländern so. Die Gesetze vieler Bundesstaaten der USA erlauben Live-Berichterstattungen aus den Gerichten. Der US-Supreme-Court hat 1981 in einer Grundsatzentscheidung die Zulässigkeit bejaht. Beeinträchtigungen des Prozesses und negative Auswirkungen auf die Psyche der Prozessbeteiligten seien nicht zu erwarten. Während eines Aufenthalts in Kalifornien hatte ich den Mordprozess gegen den ehemaligen Footballstar und Schauspieler O.J. Simpson im Fernsehen verfolgt. Das Interesse der Öffentlichkeit war gewaltig. Es gab kaum einen Sender, der etwas anderes zeigte. Hatte Simpson seine Frau und deren Bekannten nach einer Eifersuchtsszene umgebracht? Diese Frage stellte sich das ganze Land. Er wurde bei seiner Flucht auf dem Highway geschnappt. Die erste Verfolgungsjagd, die von einem Helikopter aus live übertragen wurde. Die Blut- und DNA-Spurenlage war ziemlich eindeutig. Der Verteidiger stellte es jedoch so dar, als hätte einer der Polizisten, um die Beweislage wasserdicht zu machen, einen blutigen Handschuh in den Garten gelegt und als Tatmittel bezeichnet. Simpson ist wie sein Verteidiger schwarz, der Polizist weiß. Von ihm konnte der Verteidiger mehrere rassistische Äußerungen vor Gericht präsentieren. Er brachte eine breite Bevölkerungsschicht in Los Angeles hinter sich und es kam zu Unruhen und Ausschreitungen. Im Gerichtssaal ließ der Verteidiger Simpson den Handschuh anprobieren. Er passte nicht. Millionen Zuschauer sahen den Verteidiger im Gerichtssaal herumspringen – »If it doesn't fit, you must acquit« (wenn er nicht passt, frei ihn lasst) – und blickten in das jubelnde Gesicht von Simpson, als die Jury ihn schließlich freisprach.

Viele Länder sind liberaler als Deutschland, was Funk- und Fernsehaufnahmen aus Gerichtssälen angeht, aber sie hatten auch keinen Freisler, der Prozesse vor dem Volksgerichtshof als Propaganda filmen ließ, bei denen die Angeklagten ihre Hosen festhalten mussten, weil man ihnen die Gürtel weggenommen hatte, während Freisler sie mit Beleidigungen überschüttete. Das Schlimmste aber ist, dass bei solchen Schauprozessen das Ergebnis natürlich vorher feststeht. Eine Gerichtsverhandlung im eigentlichen Sinn findet nicht mehr statt. In Deutschland wird einem gesteigerten Öffentlichkeitsinteresse jedoch insoweit Rechnung getragen, als eine Kamera das Gericht vor Verhandlungsbeginn im Sitzungssaal einmal abfilmen darf. Danach weichen die Kameras den Gerichtszeichnern. Und so nahmen wir mit Robe Aufstellung, die Protokollführerin Frau Weiz kämmte aufgeregt noch schnell ihr langes Haar durch und dann schwenkte die Kamera einmal von rechts nach links.

Schon wenige Stunden später liefen diese Aufnahmen in den Abendnachrichten. Manchmal wird behauptet, dass Richter und Staatsanwälte die Berichterstattung über Fälle, die von ihnen verhandelt werden, völlig ignorieren. Ich kann das jedenfalls nicht bestätigen, es erscheint mir auch eher unnatürlich. Von unserem »Justizteam – Saal 101« hatte natürlich jeder die Nachrichten gesehen, ich vermute auch der Staatsanwalt. Frau Weiz fand sich nicht gut getroffen und Herr Raabe stänkerte, ihn habe man natürlich wieder herausgeschnitten, obwohl er die meiste Arbeit gehabt habe. Aber auch Herrn Leisten gefiel der Fernsehbericht nicht. Ich fragte verwundert nach, da inhaltlich meiner Erinnerung nach nichts Falsches berichtet wurde. Herr Leisten stimmte zwar zu, meinte aber, dass er sich über das Bild sehr geärgert habe, das hinter der Fernsehmoderatorin zu sehen war. Im Hintergrund war eine Flüchtlingsfrau eingeblendet worden, die mit einer Hand ein kleines Mädchen und mit der anderen einen großen und viel zu schweren Koffer hinter sich herzog. Ich dachte kurz darüber nach und fand, dass Herr Leisten recht hatte. Egal was in dem Fernsehbericht gesagt wurde, das Bild erzählte seine eigene, ganz andere Geschichte. Das Publikum sah eine Frau aus reichem Hause, die Betrügereien auf dem Rücken der armen Asylanten durchführte. Das war natürlich ein toller Aufmacher, der Aufmerksamkeit erregte und sofort starke Gefühle weckte. Aber tatsächlich gehe der Schaden überhaupt nicht zu Lasten der Flüchtlinge, die es in den Berliner Wohnungen viel komfortabler hatten als in den engen Asylantenheimen, meinte Herr Leisten. Den Schaden trage die Landeskasse, die hohe Kopfbeträge zahle, damit die Asylanten keine Mietwohnungen belegten. Die Medien hätten da ein bisschen getrickst. Wen interessiere schon ein mittelschwerer Betrug zu Lasten der Landeskasse?

Die Angeklagte stand nun, durch diese »Macht der Bilder«, moralisch in der Öffentlichkeit viel schlechter da, als es der Fall überhaupt hergab. Das Bild von der Flüchtlingsfrau hatte sich den Zuschauern viel rascher und deutlicher als der Text der Moderatorin eingeprägt. Kommunikationsforscher sprechen beim gezielten Einsatz von Bildern auch von »schnellen Schüssen ins Gehirn«. Die Berichterstattung kann manchmal ziemlich stark verfälschen. Es geht nicht nur um öffentliche Vorverurteilung, sondern auch um Übertreibungen. Angeklagte können bedrohlicher dargestellt werden, als es der Wirklichkeit entspricht, oder umgekehrt auch zu Opfern hochstilisiert werden. Es gibt sogar eine Branche, die verspricht, vorab einer negativen Darstellung in den Medien entgegenzuwirken oder sie zumindest abzufedern. »Litigation-PR« gehört vor allem in den USA zum Standard im Prozessalltag und wird mittlerweile auch in Deutschland angeboten. Professionelle Berater versuchen auf eine im Sinne des Mandanten positive Berichterstattung hinzuwirken. Aber kann man diese überhaupt steuern? Das hängt sicher von der Sachkunde der Journalisten ab und der Zeit, die sie für eine gründliche Recherche haben, und lässt sich nicht von vornherein verneinen. »Litigation-PR«-Berater gehen teilweise aber noch einen Schritt weiter und erklären, durch ihre Einwirkung auf die Medien auch den Prozess selbst beeinflussen zu können. Das widerspricht natürlich allem, was wir unter unabhängiger Justiz und dem Symbol der Augenbinde von Justitia verstehen. Einer der höchsten Richter Deutschlands bezeichnete diese Zielsetzung als »Sturmangriff« auf die Rechtsfindung. Jeder Richter und Staatsanwalt wird natürlich sagen, dass er seine Entscheidungen unabhängig trifft. Aber was ist mit unbewusster Einflussnahme? Nach der Theorie der Selbstdiskrepanz, die die Auswirkungen der Berichterstattung auf die Menschen, um die es geht, untersucht, gibt es reziproke Effekte – Beteiligte eines Geschehens, das im Rampenlicht der Medienöffentlichkeit steht, werden davon beeinflusst. Inwieweit dies auch für Richter und Staatsanwälte in Prozessen mit großem Medieninteresse gilt, lässt sich nur schwer beurteilen. Immerhin sind aber gerade Juristen im Hinblick auf sachliche Nüchternheit bei der Entscheidungsfindung ziemlich gut ausgebildet, wozu auch gehört, die Gefährdung einer Beeinflussung durch die Medien ernst zu nehmen, um ihr besser begegnen zu können.

Wir mussten nun über mehrere Sitzungstage die einzelnen Asylanten dazu vernehmen, wo sie damals untergebracht waren. Im Flüchtlingsheim oder einer Wohnung? Die meisten hatten von der Angeklagten tatsächlich Wohnungen zugewiesen bekommen. Herr Leisten fragte dann jedes Mal nach dem Zustand der Wohnung, der Zimmerzahl und der Größe der Flüchtlingsfamilie. Es waren ganz normale, ordentliche Mietwohnungen und es gab auch keine Überbelegung. Nur hatte die Angeklagte eben vom Staat das Mehrfache der tatsächlich angefallenen Mietkosten kassiert. Schließlich verurteilten wir sie wegen gewerbsmäßigen Betruges zu einer Freiheitsstrafe von zwei Jahren, deren Vollstreckung zur Bewährung ausgesetzt wurde. Sie war zwar nicht geständig, aber bei der Strafzumessung hatten wir geschrieben, dass das Gericht den Eindruck gewonnen habe, der Betrug tue ihr im Nachhinein leid. Bei den Abschlussplädoyers hatte ich gesehen, wie Sarah P. feuchte Augen bekam. Herr Leisten hatte das nicht beobachtet, wollte es aber ins Urteil aufgenommen haben. Er meinte, das Ermittlungsverfahren habe sich lange hingezogen, bedingt durch die vorübergehende Einstellung, und alles liege nun schon Jahre zurück, ohne dass die Angeklagte wieder straffällig geworden sei.

In seiner mündlichen Urteilsbegründung stellte Herr Leisten ausdrücklich klar, dass es hier nicht, wie teilweise in den Medien mitgeteilt, um Straftaten zu Lasten von bedauernswerten Asylbewerbern ging, sondern »nur« die Staatskasse betroffen war. Ob die anwesenden Reporter diesen Hinweis in ihrer Berichterstattung jedoch aufgreifen und so den falschen Eindruck in der Öffentlichkeit etwas revidieren würden, erschien mir zweifelhaft. Aber mehr konnten wir als Richter nicht tun. Vielleicht benötigten die Angeklagte und ihr Verteidiger dafür tatsächlich einen »Litigation-PR«-Berater.

Ich bemühte mich, spätestens zehn bis vierzehn Tage nach der mündlichen Urteilsverkündung Herrn Leisten den Entwurf der Urteilsbegründung vorzulegen. Während ich das Urteil im Verfahren gegen Sarah P. schrieb, fanden natürlich bereits die nächsten Sitzungen statt, sodass meist bereits das nächste Urteil auf mich wartete, wenn ich einen Entwurf fertig hatte.

Der Staatsanwalt des Verfahrens gegen Sarah P. regte sich über die Bewährungsstrafe mächtig auf und sprach mich später in der Kantine darauf an, was das mit dem »leidtun« in der Urteilsbegründung denn für ein Unsinn gewesen sei. »Noch so ein Weichei bei den Strafrichtern«, meinte er, und dann ertönte die James-Bond-Melodie seines Handys. Es gingen Gerüchte, dass in seinem Dienstzimmer mehrere 007-Poster hingen. Herr Leisten erklärte mir, dass ich die Äußerungen des Staatsanwaltes nicht so ernst nehmen dürfe. Er habe es eher scherzhaft gemeint. In Wirklichkeit sei die Strafe recht angemessen und tatsächlich legte die Staatsanwaltschaft keine Berufung ein.

Drei Tage nach der letzten Sitzung in der Sache Sarah P. verhandelten wir bereits den nächsten Fall, einem Moldawier wurden Wohnungseinbrüche und Hehlerei vorgeworfen. Er gab alles zu und ließ sich nicht davon abbringen, während der ganzen Verhandlung stehen zu bleiben. Seinem Verteidiger ging es darum, zur Beendigung der Untersuchungshaft eine Bewährungsstrafe zu erreichen. Dann könnte der Angeklagte das Gericht zunächst verlassen und würde später zum Haftantritt geladen werden. Bis dahin konnten durchaus sechs Monate ins Land gehen. Gleichzeitig drohte ihm jedoch die Abschiebung seitens der Ausländerbehörde, die bereits im Falle einer sich abzeichnenden Freilassung um rechtzeitige Benachrichtigung gebeten hatte. Nachdem die Formalien der Hauptverhandlung erledigt waren, wollten wir uns zur Urteilsberatung zurückziehen und standen auf. In diesem Moment begann der Angeklagte plötzlich laut zu wehklagen: Er hatte sich mit einer Rasierklinge die Pulsader der linken Hand aufgeschnitten. Schon floss Blut über seine Hände, auf den Boden und die Sitzbank. Herr Raabe rief einen zweiten Wachtmeister und brummelte den Angeklagten an, was das denn »für eine Dummheit« sei. Sie verschwanden dann mit dem Moldawier durch eine kleine Tür in einem verwinkelten Gängesystem, welches bis zur Untersuchungshaftanstalt und ihrer Krankenstation führte.

Bald darauf kam Herr Raabe mit einem Wassereimer zurück und entschuldigte sich bei Herrn Leisten für die »Unannehmlichkeiten«, die der Angeklagte bereitet habe. Aber der winkte nur ab und meinte, dass Herr Raabe auch nichts dafürkönne. Es komme immer wieder vor, dass sich die Häftlinge in der Untersuchungshaft spitze und scharfe Gegenstände besorgten, und so eine kleine Rasierklinge könne überall am Körper versteckt werden. Herr Raabe begann zu wischen und das Blut verschwand vom Boden und dem hellen Holz der Anklagebank. Sie gehörte nicht zur Originalausstattung, war aber bestimmt schon dreißig oder vierzig Jahre alt. Morgen würde der nächste Angeklagte darauf Platz nehmen. Normales Alltagsgeschäft im Kriminalgericht Moabit. Die Verhandlung gegen den Moldawier, der nur leicht verletzt war, wurde wenige Tage später mit der Verkündung einer Bewährungsstrafe fortgesetzt. In dem Moment, als wir die Untersuchungshaft aufhoben, wurde er in Abschiebehaft genommen.

Übers Dealen und Deals

Anfang Juni wies mir mein montäglicher grüner Zettel ein neues Einsatzgebiet für meinen Zweitjob zu. Während ich bisher überwiegend strafrechtliche Dezernate vertreten hatte, sollte ich nun in einem Strafprozess, der über mehrere Wochen angesetzt war, als Beisitzer fungieren. Den Vorsitz führte Herr Werner und normalerweise war Cornelia seine Beisitzerin am erweiterten Schöffengericht, aber sie hatte Urlaub bewilligt bekommen. Seine Verhandlungen fanden immer dienstags und freitags statt, sodass es keine Überschneidungen mit den Sitzungen von Herrn Leisten gab. Während Herr Leisten gerne an ein bis zwei Tagen zu Hause arbeitete und sich die Akten mitnahm, bevorzugte Herr Werner sein Dienstzimmer. Er kam jeden Tag, immer erst gegen 15 Uhr, und blieb dann bis in die späten Abendstunden. So war er allerdings zum beliebten Opfer der Proberichter geworden, die mit ihrer Arbeit nicht so ganz zurechtkamen und gerne auch noch um 19.30 Uhr ein paar Fragen an den Mann bringen wollten. Auch ich hatte schon mehrmals seinen Rat gesucht. Herr Werner gab mir die Strafakte zur Vorbereitung mit. Für meinen Geschmack sprach er viel zu leise, und ich musste genau aufpassen, um ihn überhaupt zu verstehen.

Es ging um Sozialversicherungsbetrug. Die Angeklagte hatte zu DDR-Zeiten bei einer Berliner Tageszeitung gearbeitet und war nach der Wende entlassen worden. Sie hatte dann die Zustellung dieser Tageszeitung an die Abonnenten übernommen und dazu ein Unternehmen gegründet. Ihre Zusteller erhielten jedoch keinen Arbeitsvertrag, sondern handelten als selbstständige Kuriere. Nach ein paar Jahren musste sie aufgeben, da das Geschäft unrentabel war. Ihr wurde vorgeworfen, dass die Kuriere in Wirklichkeit unselbstständige Arbeitnehmer gewesen seien und sie vorsätzlich keine Kranken- und Rentenversicherungsbeiträge abgeführt habe. Wann jemand ein abhängig Beschäftigter und damit Arbeitnehmer und wann er selbstständig ist, stellt eine schwierige rechtliche Frage dar. Der Arbeitnehmerbegriff ist im Wesentlichen durch die Rechtsprechung des Bundesarbeitsgerichts geprägt. Im zu verhandelnden Fall war die Angeklagte die einzige Auftraggeberin der Kuriere und diese mussten bestimmte Touren zu bestimmten Zeiten absolvieren. Ein eigener Handlungsspielraum bestand für sie nicht. Auch betrug die tägliche Arbeitszeit durchaus acht Stunden. Sie waren also Arbeitnehmer und die Angeklagte Hanna S. hätte Sozialabgaben leisten müssen.

Die Tat lag nun schon viele Jahre zurück und Hanna S. war weder vorher noch nachher irgendwie strafrechtlich in Erscheinung getreten. Sie hatte damals sogar einen befreundeten Juristen mit der Prüfung beauftragt, ob sie die Kuriere als Arbeitnehmer beschäftigen müsse. Der hatte ihr, unzutreffend, versichert, das sei nicht nötig. Ab dem dritten Verhandlungstag vernahmen wir mehrere Zusteller über die Art ihrer Tätigkeit sowie den Juristen, der die Angeklagte falsch beraten und sich dabei ziemlich weit aus dem Fenster gelehnt hatte. Hanna S. tat mir leid. Sie war irgendwie in diese Sache hereingerutscht. Ich fragte Herrn Werner, ob man hier nicht einen unvermeidbaren Verbotsirrtum annehmen könne, der zum Freispruch führen würde*. Herr Werner verneinte das. Zwar könne aufgrund eines falschen juristischen Rats der Schuldvorwurf entfallen, aber die Angeklagte hatte jemanden gefragt, der nicht als Rechtsanwalt zugelassen war und seine Prüfungen in der DDR abgelegt hatte. Ausreichende Kenntnisse des bundesdeutschen Rechts konnten nicht einfach unterstellt werden. Nur Anwalt zu sein reiche in diesem Fall nicht, man müsse schon ein versierter Arbeitsrechtler sein. Mit betrübten Augen sah mich Herr Werner an und meinte mit leiser Stimme: »Die Angeklagten hier sind fast durchweg schuldig. Die Frage ist meist nur, ob wir sie überführen können.«

Zwei Verhandlungstage später kam eine Anfrage der Angeklagten, ob das Verfahren gegen eine Geldbuße von zwanzigtausend Euro eingestellt werden könne. Ich war dafür, zumal der Unrechtsgehalt dieser Tat doch ganz erheblich unter dem lag, was normalerweise beim erweiterten Schöffengericht verhandelt wurde. Schließlich stimmten wir der Verfahrenseinstellung zu. Die Staatsanwältin schloss sich an und meinte, die etwa fünfzigjährige unvorbelastete Angeklagte mache nicht den Eindruck, als bedürfe es einer Bestrafung, um sie von einer weiteren kriminellen Karriere abzuhalten. Zufrieden verließ ich den Sitzungssaal. Nicht nur, weil ich nun keine Urteilsgründe schreiben musste, sondern weil ich eine Bestrafung hier als falsch oder zumindest schlechte Lösung empfunden hätte. Zwar erfüllte ihr Verhalten einen

* Beim Verbotsirrtum nach § 17 StGB geht es um die Frage, inwieweit dem Täter rechtliche (nicht tatsächliche) Fehleinschätzungen hinsichtlich der Strafbarkeit seines Tuns zugutekommen können.

Straftatbestand. Schritt für Schritt konnte man die juristische Prüfung ohne einen Fehler dahin führen. Aber manchmal, wenn man sich aus diesem ganzen Paragraphengeäst herauskämpft und auf den Menschen dahinter sieht, merkt man eben, dass das gefundene Ergebnis nicht passt, der Person des Angeklagten irgendwie nicht gerecht wird.

Mit Herrn Leisten verhandelte ich in dieser Zeit auch ein Strafverfahren wegen Drogenschmuggels in die Justizvollzugsanstalt Tegel. Es war unser letzter Fall vor seinem Jahresurlaub im Juli.

Die Justizvollzugsanstalt Tegel ist das zweitgrößte Gefängnis Deutschlands. Als Referendar hatte ich an einer Führung teilgenommen, in der wir viel über die Geschichte der Anstalt hörten, z.B. dass erst in den Fünfzigerjahren Stromleitungen in die älteren Gebäude (und somit auch in die Zellen) verlegt wurden und viele Zellen immer noch keine Steckdosen haben. Wir staunten über die Architektur eines großen Gebäudekomplexes, bei dem nach amerikanischem Muster die Gefängniskorridore sternförmig angelegt waren, sodass mit einem Minimum an Überwachungspersonal alle Flure gleichzeitig eingesehen werden können. Eine Idee, die aufgrund der heutigen Ausstattung mit Bewegungsmeldern und Überwachungskameras keine Rolle mehr spielt. Zum Schluss erklärte uns der Kollege ganz unverblümt, dass der illegale Handel mit Drogen eines der größten Probleme der Justizvollzugsanstalt sei. Man müsse davon ausgehen, dass wahrscheinlich auch der eine oder andere Justizbedienstete seine Hand im Spiel habe. Aber es gebe so unzählige fantasievolle Möglichkeiten des Schmuggels – beispielsweise für Häftlinge mit Ausgangserlaubnis –, dass es sehr schwer sei, diesen in den Griff zu bekommen. Ein paar sehr trickreiche Verstecke wurden erläutert.

Unser Fall war in dieser Hinsicht auch ziemlich »originell«. Im Mittelpunkt stand ein Rechtsanwalt, der als Strafverteidiger arbeitete. Ob seine Kanzlei gut lief oder eher schlecht, konnte ich der Akte nicht entnehmen, jedenfalls entschloss er sich, mit einem Häftling gemeinsame Sache zu machen. Er beteiligte sich an dem Hineinschmuggeln von Drogen, und der Häftling sollte ihm im Gegenzug neue Mandate besorgen, also Beschuldigte, die einen Verteidiger benötigten. Die Sache flog auf und der Rechtsanwalt wurde aufgrund der besonderen Bedeutung vor dem Landgericht angeklagt, wo er alles einräumte und zu einer Bewährungsstrafe von zwei Jahren verurteilt wurde. Gleichzeitig wurde ein Berufsverbot von mehreren Jahren ausgesprochen.

Bei uns ging es um zwei Mitbeschuldigte des Rechtsanwaltes, ehemalige Häftlinge, die wegen des Weitertransports der Drogen innerhalb der Justizvollzugsanstalt angeklagt waren. Über seine Verteidigerin erklärte einer der Angeklagten, er habe zwar kleine umwickelte Päckchen entgegengenommen und weitergereicht, aber gedacht, es handle sich um Geldscheine. Da der Rechtsanwalt bereits rechtskräftig verurteilt war, konnte er als Zeuge befragt werden. Er war eher klein, trug eine kreisrunde Brille und machte einen sehr ruhigen Eindruck. Er räumte seinen Tatbeitrag ein, wollte aber keine weiteren Angaben machen und berief sich auf sein Auskunftsverweigerungsrecht. Die Auskunft kann ein Zeuge dann verweigern, wenn durch seine Aussage die Gefahr einer eigenen strafrechtlichen Verfolgung entsteht. Natürlich war er schon wegen Drogenschmuggels verurteilt worden, aber womöglich würden die Angeklagten weitere

Straftaten unter Beteiligung des Rechtsanwalts zugeben, wenn er vor Gericht kooperierte. Diese Gefahr genügte, um dem Zeugen das Auskunftsverweigerungsrecht zu geben.

In den Verhandlungspausen schauten wir im Beratungszimmer immer wieder ungläubig in die Akten dieses Ermittlungsverfahrens. Herr Leisten rollte mit den Augen und meinte, da müsse mächtig was los gewesen sein, in diesem Zellentrakt. Aus den Akten ergab sich, dass die Angeklagten auf ihrer Gefangenenstation offenbar ein ganz angenehmes Leben geführt hatten. Von wilden Silvesterpartys mit Drogen und Alkohol war da die Rede. Eine weibliche Justizvollzugsangestellte hatte einen der Angeklagten offensichtlich näher kennengelernt und ihn mittlerweile auch geheiratet. So konnte sie von ihrem Zeugnisverweigerungsrecht Gebrauch machen. Herr Leisten fügte scherzhaft hinzu, dass man die Angeklagten wohl nur durch eine Freiheitsstrafe mit Bewährung ärgern könne, da sie in der Vollzugsanstalt viel zu viel Spaß hätten.

Zum Schluss wurde ein weiterer, ebenfalls bereits verurteilter Beteiligter als Zeuge vernommen. Er hatte die Drogen für den Schmuggel in kleine Tüten verpackt. Als sich Herr Leisten gegen Ende der Vernehmung erkundigte, ob eines der Mitglieder des Gerichts noch eine Frage habe, kam mir eine Idee. Ich wollte von dem Zeugen wissen, wie die Tüten genau ausgesehen hätten. So wie am Obststand im Supermarkt, erklärte er. Auf Nachfrage bestätigte er, dass die Tüten aus Plastik und durchsichtig waren. Damit sah es ziemlich schlecht aus für die Einlassung des einen Angeklagten hinsichtlich der vermeintlichen Geldpäckchen. Es war das einzige Mal in meiner Zeit bei Herrn Leisten, dass mir eine Frage einfiel, durch deren Beantwortung man plötzlich die Aussage eines Angeklagten widerlegen konnte. Meist waren diese Einlassungen so eng an die Beweislage gekoppelt, dass ihre Widerlegung erhebliche Schwierigkeiten machte.

In der Pause meinte Herr Leisten zu mir, dass die Frage nicht schlecht gewesen sei und über die Beschaffenheit der Tüte auch nichts in der Ermittlungsakte gestanden habe. Das war natürlich ein Hinweis auf seine frühere Mahnung, Fragen möglichst vorher mit ihm abzustimmen, da ich als Anfänger und zudem mit Zusatzaufgaben betraut, nicht den kompletten Akteninhalt vor Augen habe. Das Gericht könne bei unsinnigen Fragen schnell inkompetent wirken, so als habe es den Fall nicht umfassend vorbereitet. Er hatte selbstverständlich recht, trotzdem probierte ich ab und an, selbst Fragen zu stellen. Die wichtigsten Inhalte der Akten kannte ich schließlich, und ich wollte nicht ein Jahr schweigend die Verhandlungen über mich ergehen lassen. Diese Möglichkeit, mich aktiv in die Verhandlung einzubringen, half mir, die Konzentration hochzuhalten.

Der Verteidigerin gefiel die Sache mit der durchsichtigen Tüte natürlich gar nicht. Überhaupt war sie in gewisser Weise die eigentliche Sensation des Prozesses. Sie war Ende zwanzig, sah blendend aus und trug, Ästheten würden sagen völlig zu Recht, einen kurzen Rock, fast Mini. Die Angeklagten hatten den ganzen Prozess über gute Laune und scherzten in den Verhandlungspausen mit der Verteidigerin. Man bekam fast den Eindruck, sie hassten die Strafverhandlung nur deshalb, weil die Verteidigerin in der Zeit zwischen den Pausen eine lange Robe trug. Vielleicht hofften sie auch, über die hübsche Rechtsanwältin eine mildere Strafe zu erhalten. Immerhin gibt es umfangreiche Untersuchungen zu der Frage, ob attraktive Menschen vor Gericht erfolgreicher sind als andere. Die Ergebnisse sind allerdings nur schwer zu verallgemeinern, da jeder Fall seine Besonderheiten aufweist. Selbst bei Übereinstimmung der äußeren Umstände bleiben immer noch die individuelle Vorgeschichte des Angeklagten und seine Motivation als wichtige Strafzumessungsfaktoren. In einer Studie wurde einer größeren Zahl von Richtern eine Fallkonstellation geschildert und ein Foto der Beschuldigten vorgelegt. Die eine Hälfte der Richter erhielt das Bild einer sehr attraktiven Frau (ausgesucht nach mehreren hundert Internetbewertungen bezüglich Aussehen) und die andere Hälfte das Foto einer gleichaltrigen unattraktiven Frau. Es gab keine relevanten Unterschiede im Strafmaß. Trotzdem könnte es natürlich sein, dass die Richter in der einen oder anderen Situation unbewusst einen Attraktivitätsbonus geben. In unserem Fall erhielten jedenfalls beide Angeklagten, die vergleichbare Vorstrafen und nach der Haftentlassung keine neue Straftat begangen hatten, die gleiche Bewährungsstrafe, obwohl die zweite Verteidigerin vom Äußeren her mit der Kollegin nicht mithalten konnte. Die Verurteilten verließen daraufhin fröhlich mit der bezaubernden Juristin den Sitzungssaal zu einem »Abschiedsessen« in der Gerichtskantine, wobei sie die andere Verteidigerin links liegen ließen. Klarer Fall von Attraktivitätsbonus. Zumindest bei uns aber hatte die Augenbinde der Justitia gegen das Blendwerk der Schönheit gehalten.

Wir gingen in unser Dienstzimmer und wollten gerade zu den Freuden von »Ottis Grill« aufbrechen, als ein Verteidiger hereinkam und mit Herrn Leisten über ein Strafverfahren sprechen wollte. Solche Besuche kamen häufiger vor.

Ein vorsichtiges Herantasten der Verteidigung an die Straferwartung des Vorsitzenden im Falle einer Verurteilung. Für das Gericht bedeutet eine Absprache des Strafmaßes bei einem Geständnis, ein Deal also, eine erhebliche Arbeitserleichterung. Strafprozesse können sich sehr lange hinziehen und riesige Kosten verursachen. In Moabit hatte es zum Beispiel den spektakulären »La Belle«-Prozess gegeben. Bei einem Bombenanschlag auf die Diskothek »La Belle« waren drei Menschen getötet und mehr als zweihundert verletzt worden. Der Prozess begann nach einer ersten abgebrochenen Strafverhandlung im Jahr 1997 und dauerte 273 Sitzungstage, an denen 169 Zeugen vernommen wurden. Als nach vier Jahren die Verurteilung der vier Angeklagten zu zwölf bis vierzehn Jahren erfolgte, waren Prozesskosten in Höhe von etwa fünf Millionen Euro entstanden. Auf die Revision bestätigte der Bundesgerichtshof im Jahre 2004 das Urteil. Wäre es wegen formeller Verfahrensverstöße oder falscher Anwendung des Strafgesetzbuches aufgehoben worden, hätte man beim Landgericht noch mal von vorne beginnen müssen.

Ein ehemaliger Berliner Justizsenator sagte einmal, dass der »La Belle«-Prozess ein gutes Beispiel dafür sei, »wie ein Verfahren ausarten kann zur Selbstbeschäftigung der Justiz«. Wahrscheinlich drückte er damit nicht seinen Unwillen gegenüber den verhandelnden Richtern, sondern seine Fassungslosigkeit über die enormen Kosten aus, welche bei Strafverfahren entstehen können.

Die Verständigung im Strafprozess bietet aber auch für den Angeklagten Vorzüge. Er erhält Gewissheit über den Ausgang des Verfahrens und kann mit seinem Geständnis einen Strafmilderungsgrund schaffen. In der Öffentlichkeit werden solche Deals häufig wegen des Eindrucks kritisiert, die Strafhöhe werde basarähnlich ausgehandelt und sei nicht mehr schuldangemessen. Dennoch werden diese Absprachen seit vielen Jahrzehnten praktiziert. Da sie für alle Seiten nützlich sind, kann man sie wahrscheinlich genauso wenig wie Regenwolken verbieten.

Am erweiterten Schöffengericht ging es bei solchen Dealgesprächen vorrangig um die Frage, ob die Vollstreckung einer Freiheitsstrafe noch zur Bewährung ausgesetzt werden konnte oder ob der Angeklagte hinter Gitter musste. Bei unseren Fällen gab es fast immer einen Grund, eine Freiheits- statt einer Geldstrafe zu verhängen. Bis zu zwei Jahren Strafe konnten wir zur Bewährung aussetzen. Das ließ sich in vielen Fällen bei einem strafmildernden Geständnis des Angeklagten vertreten. Herr Leisten konnte aufgrund seiner langjährigen Berufserfahrung gut einschätzen, wann eine Bewährung noch in Betracht kam. Schlug er den Schöffen und mir im Beratungszimmer einen entsprechenden Deal vor, folgten wir dem eigentlich immer. Es galt schließlich zu berücksichtigen, dass der Angeklagte seine strafrechtliche Verfehlung eingestand und dies der Beginn eines neuen Lebenswandels sein konnte. Jedenfalls verlangte Herr Leisten das von den Angeklagten. Er sagte ihnen, dass er jetzt ein Leben ohne Straftaten erwarte und die Bewährung schnell widerrufen werde, sollte der Verurteilte erneut straffällig werden.

Manchmal war die Aussetzung der Strafe zur Bewährung aber nicht mehr angemessen. Zum Beispiel bei besonders schweren Taten, häufig auch bei einschlägigen Vorstrafen. Herr Leisten hatte da eine Grenze, die der Angeklagte nicht überschreiten durfte. Er sagte das dann auch klar. Meist war in diesen Fällen aber ohnehin kein Einverständnis des Staatsanwalts zu erwarten. Und ohne ihn gab es keinen Deal.

Um so einen Fall ging es offensichtlich bei dem Gespräch mit dem Verteidiger, der unser Zimmer aufgesucht hatte. Herr Leisten erklärte dem Verteidiger, dass er nur für sich als Vorsitzender sprechen könne, er jedenfalls halte eine Bewährung nicht für angemessen und wolle sie auch nicht gegenüber den anderen Gerichtsmitgliedern und dem Staatsanwalt vertreten. Es schien so, als sei ihm beim Lesen der Strafakte ziemlich die Galle hochgekommen. Der Verteidiger meinte daraufhin, dass er dann in dem kommenden Verfahren die fehlerhafte Besetzung des Gerichts rügen müsse.

Aus dem Gerichtsverfassungsgesetz geht nämlich nicht eindeutig hervor, ob die ständige Einrichtung eines erweiterten Schöffengerichts, so wie im Amtsgericht Tiergarten seit Jahrzehnten praktiziert, überhaupt zulässig ist. Oder ob ein zweiter Berufsrichter nur im Einzelfall hinzugezogen werden kann, ansonsten aber ausschließlich die Strafrichter des Amtsgerichts für die hier verhandelten umfangreichen Strafsachen zuständig sind.

Der Verteidiger schaute sich in unserem Zimmer um und meinte, Herr Leisten habe es ja hier als Vorsitzender am erweiterten Schöffengericht sehr nett. Er als Verteidiger wolle ihm natürlich nicht seinen langjährigen Arbeitsplatz nehmen. Aber nach seiner Rüge müssten die erweiterten Schöffengerichte wohl aufgelöst werden. Sollte allerdings eine Bewährungsstrafe im Wege eines Deals möglich sein, würde er im Interesse seines Mandanten selbstverständlich von einer entsprechenden Rüge absehen.

Ich war erst mal perplex ob dieser unverhohlenen Drohung. Wie konnte dieser Mann erwarten, dass Herr Leisten in irgendeiner Weise darauf einging? Angewidert schaute ich zu dem Rechtsanwalt, der uns, ganz förmlich mit Anzug und Krawatte, gelassen gegenübersaß. Ich überlegte, ob mir der Drogen schmuggelnde Verteidiger aus der letzten Verhandlung nicht sympathischer war. Dieser irgendwie mitleiderregende kleine Rechtsanwalt, der sich auf ein Spiel mit Verbrechern eingelassen hatte und dabei untergegangen war. Aber er hatte sich strafbar gemacht und unser Gegenüber nicht. Hier war einfach nur eine Besetzungsrüge angedroht worden. Musste ein Verteidiger nicht beschwichtigen, beschönigen und seine Argumente aus allen Winkeln der Juristerei und benachbarter Wissenschaften holen? Konnte man ihm vorwerfen, dass er selbst vor solchen Drohungen nicht zurückschreckte? Ich merkte, dass es erheblich mehr als zweier abgeschlossener Staatsexamen und guter Kenntnisse der Strafvorschriften bedurfte, um ein erfolgreicher Verteidiger zu werden. Da gab es offenbar viele Mittel und Wege jenseits dessen, was wir in der Ausbildung gelernt hatten. Bis hin zu bedenklichen Methoden, die grenzwertig waren und manchmal auch noch darüber hinausgingen. Einige wurden erwischt, wie der besagte Anwalt, und andere nicht, die heute genug Glück und Erfolg haben, um sich nicht mehr an frühere krumme Touren erinnern zu müssen.

Herr Leisten zuckte nur unbeteiligt mit den Schultern und meinte, der Verteidiger solle seine Anträge ruhig stellen. Daran könne er als Richter auch nichts ändern. Er wisse, dass in einem Kommentar zum Gerichtsverfassungsgesetz die Bildung von ständigen Abteilungen des erweiterten Schöffengerichts für unzulässig erachtet werde. Ein weiterer Kommentar vertrete eine andere Meinung. Außerdem werde das seit dreißig Jahren so gehandhabt und alle Kollegen, mit denen er sich mal darüber unterhalten habe, erachteten diese Regelung für zulässig. Nachdem der Rechtsanwalt gegangen war, behielt Herr Leisten seine Gemütsruhe bei. Und das nicht nur wegen des anstehenden Sommerurlaubs. Die Sache selbst schien ihn nicht sonderlich aufzuregen. Er hatte sich in den vielen Jahren als Strafrichter ein dickes Fell zugelegt und war wahrscheinlich, gerade was das Verhalten der Verteidiger anging, einiges gewöhnt. Wir speisten noch in »Ottis Grill«, tranken unseren türkischen Tee und verabschiedeten uns in den Urlaub. Ich glaube, er fuhr mit seiner Frau und den Kindern in die Berge.

Der Gruß

Sedat machte das Strafverfahren doch ganz schön zu schaffen. Natürlich gab er sich vor Umar und den anderen locker und selbstsicher. Aber insgeheim fürchtete er sich vor einer hohen Gefängnisstrafe. Von den Verhältnissen in der Justizvollzugsanstalt Tegel hatte er schon viel Unangenehmes gehört. Und dann waren da noch Sandra und das Baby. Wenn er ehrlich war, hatte er sie nur geheiratet, um sich vor einer Abschiebung zu schützen. Eine kleine Rückversicherung. Das galt auch für das Baby. Alles war so schnell gegangen. Sandra konnte er mit seiner schönen Wohnung und dem Geld beeindrucken. Sie war achtzehn Jahre alt, als sie schwanger wurde. Er wusste auch, was die Leute in seinem Viertel dachten. Hütet eure Mädchen vor den Arabern. Sie wollen nur Sex und eine ernsthafte Beziehung ziehen sie gar nicht in Betracht, weil längst eine Heirat verabredet ist. Wenn dann doch mal Liebe zu einer Deutschen ins Spiel kommt, geht der Stress mit den gekränkten arabischen Familien erst richtig los. Aber bei Sedat war das anders. Er ließ sich da ohnehin nichts vorschreiben und für die Einbürgerung war eine Heirat mit einer Deutschen viel sicherer. Außerdem hatte er sich an Sandra gewöhnt. Sie hatte sich für ihn die Haare hellblond gefärbt und trug diese großen runden Ohrringe. Und durch Hatip, den gemeinsamen Sohn, waren sie eine richtige Familie geworden.

Solange der Prozess nicht zu Ende war, konnte er nicht weiter im Drogengeschäft mitmischen. Zu gefährlich. Sollten sie ihn nochmals erwischen, würde das einem Geständnis im laufenden Prozess gleichkommen. Er fühlte sich ständig beobachtet. Sein Verteidiger, Dr. Waske, hielt eine Observation nicht für sehr wahrscheinlich, aber ausschließen konnte er sie nicht. Eigentlich sollten Hamit und Kemal das Geschäft weiterbetreiben, während er und Umar das Strafverfahren abwarteten. Aber das funktionierte nicht. Sie hatten keine Drogen mehr. Beim zweiten Übergabetermin wussten die Lieferanten Bescheid. Hamit war allein, nur er und Sedat durften ja an den Treffpunkten erscheinen, und bekam ziemliche Angst, als plötzlich wieder der Mann mit der Uzi und dem finsteren Blick auftauchte. Er ging direkt auf Hamit zu und fragte leise, wann er denn vorgehabt habe, von Sedats Verhaftung zu erzählen. Hamit druckste herum und spürte plötzlich, wie etwas Hartes gegen seinen Bauch drückte. Instinktiv wollte er zurückweichen, fühlte hinter sich jedoch eine Mauer. Sein Gegenüber erklärte ihm, dass die Geschäftsbeziehung tot sei und niemand ihnen jetzt noch größere Mengen verkaufen würde. Die Sache habe sich längst herumgesprochen. Sedat solle während dem Strafverfahren bloß nicht auf dumme Gedanken kommen. Sie würden das ganz schnell herausfinden. Der Druck in der Bauchgegend wurde stärker und Hamit versicherte, dass er ganz seiner Meinung sei und Sedat den »Gruß« ausrichten werde.

Seitdem war Ebbe. Hamit und Kemal verkauften noch die letzten Drogen. Sedat wusste, dass er wieder ganz von vorn anfangen musste. Bald würde eine andere Bande an seinem Platz auf dem U-Bahnhof Drogen verkaufen. Das tat weh und er war wütend auf diesen Polizisten Masut, der das irgendwie mit eingefädelt hatte. Aber reagieren konnte er erst, wenn dieser verdammte Prozess vorbei war. Selbstverständlich nur, wenn er freigesprochen wurde. An alles andere wollte er jetzt lieber nicht denken. Sie hatten natürlich einen ordentlichen Batzen Geld zurückgelegt, aber der schmolz merklich. Auch die Verteidigung durch Dr. Waske hatte schon einiges verschlungen. Er hoffte, dass sich diese Investition lohnen würde. In etwa einem Monat sollte der Prozess erneut beginnen.

Schlechte Nachrichten

An unserem ersten Sitzungstag nach dem Urlaub war ich etwas spät dran. Herr Leisten war schon vorgegangen. Ich schnappte mir meine Robe und folgte ihm direkt in den Sitzungssaal. Irgendetwas im Saal kam mir nach der Urlaubszeit verändert vor. Ich stieg zur Richterbank hoch und begrüßte die Protokollführerin Frau Weiz, die gerade in ihrer Handtasche kramte, und ging ins Beratungszimmer. Herr Leisten empfing mich freundlich, fragte aber gleich mit ernster Miene, ob ich schon mitbekommen hätte, was Herrn Raabe passiert sei. Richtig! Jetzt wusste ich auch, was mir vorhin merkwürdig vorgekommen war. Am Eingang zum Sitzungssaal saß nicht Herr Raabe, sondern ein anderer, mir unbekannter Gerichtswachtmeister. Herr Leisten erzählte mir, dass Herr Raabe etwa zwei Wochen zuvor einen Angeklagten von unserem Sitzungssaal durch den Geheimgang in die Justizvollzugsanstalt bringen sollte. Oder »durchschließen«, wie die Wachtmeister sagen. Irgendwo auf halbem Wege hatte der Gefangene Herrn Raabe angegriffen und überwältigt. Wahrscheinlich schlug er Herrn Raabe bewusstlos, jedenfalls gelang es ihm, die Schlüssel an sich zu bringen und seine Handschellen zu lösen. Dann schob er den Gerichtswachtmeister in einen Toilettenraum, den er von außen zuzog, schloss ein paar Türen auf und verschwand durch eines der zahlreichen Treppenhäuser nach draußen. Zwar wurde der Häftling in der Vollzugsanstalt vermisst, aber es war Freitagnachmittag und niemand kam auf die Idee, dass vielleicht mit Herrn Raabe etwas nicht stimmen könnte. Seine Frau meldete nach einer schlaflosen Nacht ihren Mann bei der Polizei als vermisst und man kam schließlich auf den Zusammenhang mit dem verschwundenen Häftling. Am Samstagnachmittag fanden sie Herrn Raabe in der Toilettenzelle in kritischem Zustand. Die Ärzte mussten ihn in ein künstliches Koma versetzen. Mehr wusste Herr Leisten auch nicht.

Wir begannen an diesem Tag einen größeren Prozess wegen Beamtenbestechung und unerlaubter Preisabsprachen bei Ausschreibungen von Bauvorhaben der Senatsverwaltung. Herr Leisten führte die Verhandlung in gewohnter Ruhe, aber ich wusste, dass er mit seinen Gedanken immer ein Stück bei Herrn Raabe war. Er fragte sich wahrscheinlich, ob der kleine Gerichtswachtmeister ihn jemals wieder an der Tür zum Sitzungssaal begrüßen würde. Herr Raabe, der von seinen circa neunhundert Euro Gehalt neunzig Euro für die Sanierung des Berliner Haushalts abgeben musste und auf eine Reise nach Kanada sparte, die er vielleicht nie würde antreten können.

In der Mittagspause ging ich mit Herrn Leisten durch die riesige Mittelhalle, den prunkvollen Treppenbau hinauf in Richtung Kantine. Alles war wie immer. Einzelschicksale, wie die des freundlichen Gerichtswachtmeisters, schienen sich hier zu verflüchtigen. Die Stille wurde nur ab und an durch ein paar vorbeihuschende Roben oder den Zeugenaufruf eines Wachtmeisters unterbrochen. Herr Raabe war ein Opfer dieser Moabiter Atmosphäre, dieser Grundspannung zwischen der Korrektheit der Bediensteten einerseits und dem Gefühlsaufruhr und dem Leid der Angeklagten. Ein Konflikt, der sich immer wieder in erschreckenden Gewaltentladungen zeigen würde.

Am Nachmittag gruben wir uns tief in den Fall mit den Bauausschreibungen ein und versuchten andere Gedanken zu verdrängen. Angeklagt waren ein Bauunternehmer, Peter F., der an den abgesprochenen Ausschreibungen teilgenommen hatte, und ein ehemaliger Beamter der Berliner Bauverwaltung, Werner K., der die Entscheidung über die Auftragsvergabe vorbereitet hatte. Dieser machte im Prozess geltend, dass er nur ein kleines Licht in der Behörde gewesen sei und gar nichts eigenständig habe entscheiden dürfen. Letzteres war zwar richtig, aber er hatte die Vergabeentscheidung seines Chefs maßgeblich vorbereitet, was für den Bestechlichkeitsvorwurf reichte. Das mit dem »kleinen Licht« stimmte indes nur bedingt, denn der Beamte hatte mit einem der beteiligten Bauunternehmer eine Gesellschaft gegründet und dieser, und damit indirekt auch sich selbst, Aufträge zugeschanzt. Er musste ganz gut »verdient« haben. Bei der Wohnungsdurchsuchung fielen den Ermittlern aufschlussreiche Unterlagen in die Hände. Der ehemalige Beamte hatte mit deutscher Gründlichkeit alle Absprachen sorgfältig dokumentiert. Wer welchen Preis bei welchem Bauvorhaben bieten sollte usw. Seine Frau war eine hochrangige Mitarbeiterin eines Landesrechnungshofs. Unter ihrem Ehebett fanden die Beamten einen großen Koffer, der circa 100 000 Euro Bargeld enthielt. Er wurde beschlagnahmt, das Geld konnte aber keiner konkreten Straftat zugeordnet werden. Nach langem Streit mit dem Rechtsanwalt des Angeklagten wanderte das Geld wieder in Werner K.s Besitz.

Die Taten lagen lange zurück und das Ermittlungsverfahren lief schon eine kleine Ewigkeit, wie Herr Leisten betonte. Diese »Ewigkeit« seit Tatausführung durfte aber zehn Jahre nicht überschreiten. Die Verjährung für die hier angeklagten Delikte des Betruges und der Bestechlichkeit beträgt fünf Jahre. Der Lauf der Frist kann zwar durch verschiedene Maßnahmen während des Ermittlungsverfahrens immer wieder unterbrochen werden. Wenn aber die doppelte Verjährungszeit ohne Verurteilung verstreicht, tritt endgültig Verjährung ein. Bis dahin waren es nur noch wenige Wochen. Herr Leisten hatte schon zweimal das Strafverfahren durchführen wollen. Beide Male musste es jedoch wegen längerer Krankheit eines Angeklagten ausgesetzt werden. Sollte auch diesmal kein Urteil möglich sein, sei es, weil die Angeklagten erneut erkrankten oder die Beweisaufnahme sich hinzog, mussten die Akten geschlossen und das Verfahren eingestellt werden. Wenn die Verteidiger das Problem mit der Verjährung mitbekommen hatten, würde ihnen schon etwas einfallen, warum in den nächsten Wochen der Prozess nicht beendet werden konnte. Wir konnten da einfach nur abwarten.

Von einem leeren Richterzimmer

Am nächsten Morgen ging ich durch die Kirchstraße zu meinem nächsten Sondereinsatz. Frau Münch, die Dame, welche montags gewöhnlich über grüne Zettel zu mir sprach und meine Zweiteinsätze anordnete, hatte mich diesmal persönlich aufgeklärt. Die nächsten Wochen, vielleicht sogar Monate, sollte ich das Dezernat einer Verkehrsstrafabteilung in der Kirchstraße vertreten. Der zuständige Richter, Herr Schelle, war schon seit längerer Zeit erkrankt und seine Sitzungen nahmen Kollegen wahr. Das kam mir nun wieder bekannt vor. Ich dachte an Henriette, meine Proberichterkollegin, die dauerhaft das Dezernat eines krankgeschriebenen Richters vertrat, der selbst für andere kaum einen Finger gerührt hatte. Aber bei Richter Schelle war alles anders, wie ich von seinen Kollegen, bei denen ich mich vorstellte, erfuhr. Er genoss fachlich einen ausgezeichneten Ruf. Musste er urlaubs- oder krankheitsbedingt einen anderen Verkehrsrichter vertreten, erfolgte dies derart ordentlich und umfassend, dass er ständig Dank und Lob dafür erfuhr. Deshalb schleppten sie seine Abteilung auch ohne zu murren durch, obwohl er nun schon fast ein Jahr ausfiel. Sein Dezernat befand sich dementsprechend in einem guten Zustand, wie ich bald merkte. Was ihm genau fehlte, wusste hier niemand. Äußerlich trat seine Krankheit auch nur in einer Kleinigkeit zutage. Richter Schelle konnte sich nicht mehr dazu durchringen, etwas zu entscheiden. Da jeder Richter dazu täglich unzählige Male gezwungen ist, stellten sich schnell große Probleme ein.

Ich holte meinen ersten Aktenstoß ins Zimmer von Richter Schelle, das ich nun benutzen würde. Es ging um Straftaten und Ordnungswidrigkeiten im Straßenverkehr. Man könnte sagen: alles rund ums Auto. Als ich in den Schubladen des Beistelltischs nach einem Kugelschreiber suchte, fand ich einen großen Stapel von Zetteln im A5-Format. Darauf stand: »Verfügung: Wiedervorlage in 3 Wochen«. Darunter befand sich der Stempel: »Schelle, Richter am Amtsgericht«. Herr Schelle war jeden Tag von 8 bis 20 Uhr in seinem Büro gewesen, hatte wahrscheinlich mit sich gerungen und schließlich diese Zettel unterschrieben und in die Akten gelegt. Der Aktenumlauf wurde natürlich immer größer, die Beamten von der aktenführenden Geschäftsstelle schrieben: »Sehr geehrter Richter Schelle, wir verstehen Ihre Verfügungen nicht mehr.« Aber es nutzte nichts. Keineswegs hatte er all seine guten Rechtskenntnisse vergessen. Er konnte sich nur nicht mehr entscheiden. Er wusste, wie die richtige Entscheidung lauten musste, konnte sie aber nicht mit seinem Namen verantworten. Man versuchte zu helfen und bot ihm eine Stelle als Beisitzer in einer Strafkammer an. Dort müsse er nicht allein entscheiden und nur Urteilsgründe schreiben, bei denen der Tenor schon verkündet war. Aber Richter Schelle lehnte ab, auch dort müsse er mitentscheiden. Eine Stimmenthaltung war nicht möglich. Und so nahm das Unvermeidbare seinen Lauf. Ein Verfahren zur Feststellung der Dienstunfähigkeit wurde eingeleitet und die Entlassung aus dem Richteramt stand unmittelbar bevor. An meinem zweiten Tag beim Verkehrsgericht fand ich einen Zettel auf dem Tisch vor: »Sehr geehrter Kollege, nächsten Dienstag hole ich meine letzten persönlichen Gegenstände ab. Mit kollegialen Grüßen, Richter am Amtsgericht Schelle.«

Eine Frage der Verjährung

Die Beweisaufnahme in dem Strafverfahren mit den verbotenen Preisabsprachen wurde fortgesetzt, und ich erfuhr weitere Gründe, warum sich die Ermittlungen so lange hingezogen hatten. Sie wurden durch die Berliner Kartellbehörde geführt, die zur damaligen Zeit lediglich über zwei ermittelnde Sachbearbeiter verfügte. Herr Leisten fragte den zuständigen Beamten, warum er so umständlich vorgegangen sei und nicht direkt jemanden von der Bauverwaltung angesprochen habe. Der Sachbearbeiter meinte, das hätte er gerne getan, aber er habe einfach nicht gewusst, an wen er sich wenden sollte. Von niemandem dort konnte er sicher sein, dass er nichts mit der Sache zu tun hatte. Diese Einschätzung bestätigte sich auch für uns, als wir den Vorgesetzten von Werner K. als Zeugen vernahmen. Er war regelmäßig mit den Angeklagten und den anderen beteiligten Bauunternehmern einmal im Jahr nach Österreich in den Skiurlaub gefahren, wo es dann hoch herging. So richtig erinnern konnte sich der mittlerweile pensionierte Beamte daran angeblich nicht mehr. Er sei mit ins Auto eingestiegen. Wohin die Reise führte, habe er vorab gar nicht gewusst. Ich fragte ihn, ob es ihm nicht komisch vorgekommen sei, dass Werner K. als untergebener Beamter plötzlich sein Dienstzimmer mit einem teuren Designer-Ledersofa ausstattete und Kaffee aus einem Vollautomaten für circa tausend Euro trank. Er blickte mich ganz unschuldig an: »Wieso? Er hat mir für alles Quittungen gezeigt.« Selbst der Verteidiger musste grinsen. Als ob es darum ginge, einen Diebstahlsvorwurf auszuräumen.

Als die Beweisaufnahme schließlich beendet war und die Plädoyers gehalten wurden, waren von den neun angeklagten Taten bereits vier endgültig verjährt und bei den anderen fehlten auch nur wenige Wochen. Aber nun verurteilten wir die Angeklagten zu Bewährungsstrafen. Ab dem Urteil in der ersten Instanz gibt es keine Verjährung mehr. Die Verteidiger bedachten unsere mündliche Urteilsbegründung mit abschätzigem Lächeln, Kopfschütteln oder Dazwischenrufen. Insofern nichts Ungewöhnliches und nach meiner Einschätzung auch ein Stück weit Show vor dem eigenen Mandanten. Bei der Erörterung der Verjährungsfrage schauten jedoch beide zu Boden und ich hatte den Eindruck, dass sie diesen Punkt einfach übersehen hatten.

Auf dem Rückweg in unser Zimmer erinnerte mich Herr Leisten an etwas, das ich schon fast vergessen hatte: den Prozess mit den drei Drogendealern und diesem anstrengenden Verteidiger, Dr. Waske. Er würde in Kürze von Neuem beginnen. Ich gab einen gequälten Laut von mir und Herr Leisten zuckte mit den Achseln. Selbst wenn der Verteidiger die einzelnen Zeugen wieder so lange befragen sollte, sei er entschlossen, den Prozess diesmal durchzuziehen. Nebenher werde er kleinere Prozesse verhandeln. Irgendwann werde der Verteidiger schon aufhören, das Gericht habe den längeren Atem. Er sei jedenfalls noch die nächsten zehn Jahre hier. Das mochte stimmen, aber ich wollte in meiner Proberichterzeit noch andere Stationen, insbesondere im Zivilrecht, erleben. Dem erneuten Prozessbeginn sah ich daher mit leichtem Unwohlsein entgegen.

Alles rund ums Auto

Als ich an diesem Nachmittag in das Richterzimmer in der Kirchstraße kam, wirkte es sehr kahl und verlassen. Die Bilder waren von den Wänden und der Topf mit den Orchideen vom Fensterbrett entfernt worden. Auf dem Tisch lag ein Zettel: »Alles Gute für Ihren weiteren Berufsweg. Mit freundlichen Grüßen, Schelle.« Mir fiel auf, dass er mich nicht mehr mit »Kollege« anredete und ohne Dienstbezeichnung unterschrieben hatte. Er hatte den Verein verlassen.

Ich wühlte mich durch mein Dezernat aus Ordnungswidrigkeiten und Straftaten im Straßenverkehr. Ordnungswidrigkeiten sind kleinere Gesetzesverstöße, bei denen der Gesetzgeber eine Strafsanktion als unangemessen ansieht. Häufig hatten sie mit dem Straßenverkehr zu tun, aber nicht immer.

In einem Fall hatte ein etwa fünfzigjähriger Mann an die Außenfassade der britischen Botschaft uriniert. Er war von der Polizei erwischt worden. Der Vorwurf lautete auf Vornahme grob ungehöriger Handlungen, die geeignet sind, die öffentliche Ordnung zu beeinträchtigen. Eine Ordnungswidrigkeit, die mit einer Geldbuße geahndet wird. Gegen den Bußgeldbescheid hatte der Mann Einspruch eingelegt und sich auf die grundrechtlich geschützte Meinungsfreiheit berufen, er habe gegen das militärische Engagement der Briten im Nahen Osten protestieren wollen. Seine Verteidigerin bat mich um meine rechtliche Einschätzung. Ich schrieb, dass das verhängte Bußgeld gerechtfertigt sein dürfte und ich nur hoffen würde, dass der Mandant in der mündlichen Verhandlung aus Verärgerung nicht auch noch an meiner Richterkanzel »Meinungsfreiheit machen« wolle. Sie nahm den Einspruch zurück.

Was den strafrechtlichen Bereich anging, so lernte ich nebenbei, was man im Straßenverkehr einer Großstadt wie Berlin beachten muss und was man lieber bleiben lässt. Ich las zum Beispiel in einer Akte, wie ein Autofahrer kurz vor einer roten Ampel die Spur wechselte, was sein Hintermann mit einem Hupen quittierte. Beim Anfahren zeigte nun der Angehupte seinerseits einen Stinkefinger. Der so Beleidigte konnte sich das natürlich nicht bieten lassen, hielt an der nächsten Ampel mit quietschenden Reifen neben dem Übeltäter und sprang aus dem Wagen. Der andere Fahrer öffnete ebenfalls die Tür und wurde angebrüllt und angespuckt. Es gab eine wilde Schlägerei mitten auf der Straße, und bevor andere Verkehrsteilnehmer eingreifen konnten, hatte der Angespuckte ein Messer gezogen und seinem Kontrahenten zweimal in die Bauchdecke gestoßen, sodass dieser blutend zusammenbrach. Wie durch ein Wunder wurde er jedoch nicht lebensgefährlich verletzt. Nachdem der Messerstecher sah, dass sein Gegenüber keine Gegenwehr mehr zeigte, stieg er schnell in sein Auto und fuhr davon.

Es gab auch Tragödien, wie die eines Motorradfahrers, der im Unfallkrankenhaus lag. Er hatte nichts falsch gemacht, aber eine vierzigjährige Frau hatte ihn beim Abbiegen an einer mehrspurigen Straße übersehen und mit der Fahrzeugfront seitlich erwischt. Eine kleine Unachtsamkeit, die ein Leben veränderte. Der Motorradfahrer trug zwar einen Helm und eine Jacke mit speziellen Rückenprotektoren. Mit Tempo fünfzig war er von dem Auto jedoch genau in die Parklücke zwischen zwei Autos geschleudert worden. Als er im Krankenhaus erwachte, musste ihm der Arzt erklären, dass er von der Brust abwärts gelähmt bleiben werde. Die Frau war nicht vorbestraft und völlig geschockt. Sie versuchte ihn im Krankenhaus mit Blumen zu besuchen, aber er wollte sie nicht sehen. Für die fahrlässige Körperverletzung würde sie wahrscheinlich eine Geldstrafe, vielleicht sogar eine Bewährungsstrafe erhalten. Zu entscheiden hatte das der Richter, der die Strafverhandlung durchführen würde. Ich hatte den Prozess durch Terminanberaumung und Ladung der Zeugen vorzubereiten.

Noch mehr von Mehmets Pudel

Schließlich kam es, wie es kommen musste. Der Prozess mit den Drogendealern wurde erneut verhandelt und bereits nach kurzer Zeit hingen wir wieder genau dort fest, wo wir aufgehört hatten. Dr. Waske stellte schon an den ersten Zeugen, den Polizeibeamten Masut P., Fragen über Fragen. Es ging wieder um den Hund des Mitangeklagten Mehmet und das Ermittlungsverfahren gegen den wegen Verdachts auf Drogenhandel vom Dienst suspendierten Zeugen. Die gleichen Fragen mit den gleichen, aus unserer Sicht nicht weiterführenden Antworten. Manchmal dachte ich auch, dass er bei den Antworten gar nicht richtig zuhörte, weil er ständig mit seinem Laptop beschäftigt war. So als wolle er den Zeugen nur provozieren und zu irgendwelchen unüberlegten Äußerungen bringen.

Ab dem zweiten Verhandlungstag wartete ich mit einer Mischung aus Langeweile und Gereiztheit darauf, dass Dr. Waske endlich mit der Vernehmung des ersten Zeugen zu einem Ende kam. Aber dessen Reservoir an Fragen schien unerschöpflich, obwohl es mir so vorkam, als kreise er um dasselbe Thema, nur in immer neuen Formulierungen oder unter anderen Aspekten. Wenn man die Zeit als ununterbrochenes Emporsprudeln von Neuigkeiten charakterisiert, dann stand sie in unserem Prozess tatsächlich still. Ich fragte mich, wie lange dieses Verfahren wohl dauern würde, und ob es womöglich meinem erhofften Wechsel in eine neue Ausbildungsstation bei einem Zivilgericht im Wege stand. Aus einem laufenden Strafprozess kann man nicht einfach ausscheiden. Erkrankt ein Richter während einer Verhandlung dauerhaft, muss der gesamte Prozess mit einem neuen Richter wiederholt werden. Deshalb werden bei umfangreichen Verfahren auch sogenannte Ergänzungsrichter und Ergänzungsschöffen hinzugezogen. Sie sitzen etwas abseits, meist unauffällig auf einem Stuhl, und müssen während der gesamten Verhandlung anwesend sein. Sie sind nur für den Fall da, einspringen zu können, sollte einer der Richter dauerhaft ausfallen. Mit ins Beratungszimmer dürfen sie nicht, und ich wusste von einem Richter, der einmal mehr als zwei Jahre als Ergänzungsrichter herumgesessen hatte.

Eins war somit klar, der Prozess würde für mich erst zu Ende sein, wenn Dr. Waske mit seinen Fragen aufhörte und wir ein Urteil verkünden konnten oder wenn der Prozess erneut ausgesetzt wurde.

Mit gespielter Ruhe brachte ich so mehrere Verhandlungstage hinter mich, dachte über diese verzwickte Lage nach und hörte mit einem Ohr den Fragen von Dr. Waske zu. Gab es etwas Neues? Natürlich nicht, dachte ich, innerlich gähnend. Ich ertappte mich dabei, wie ich anfing vor mich hin zu dösen, während Dr. Waske den Zeugen Masut P. gerade nach seinem Kenntnisstand über die Art und Länge der Hundeleine von Mehmet ausfragte. Erschrocken riss ich mich zusammen und versuchte meinen beruflichen Anforderungen gerecht zu werden, die gerade darin bestanden, mir Gedanken über den Pudel von Mehmet Z. und Dr. Waskes gewichtige Fragen dazu zu machen. Alles konnte schließlich irgendwie von Bedeutung sein, oder? Und es gibt weiß Gott eine Menge verschiedener Hundeleinen. Rote und schwarze, aus Stoff und aus Leder. Für größere Hunde sogar welche mit Metallgliedern oder solche, die bis zu einer Länge von zehn Metern ausgerollt und auf Knopfdruck wieder eingeholt werden können.

Ich schaute unauffällig zu den Schöffen und Herrn Leisten hinüber. Hatten sie auch Konzentrationsprobleme? Erkennen konnte ich jedenfalls nichts. Vielleicht hielt sie der Ärger über die vielen unsinnigen Fragen wach. Oder Herr Leisten wandte spezielle Kniffe an, um aufmerksam zu bleiben oder zumindest nach außen so zu wirken. Möglicherweise stellte er sich gerade vor, wie Mehmets Pudel in den Sitzungssaal stürmte, über Dr. Waskes Knie auf sein Laptop sprang und sich dort wie wild auf den Tasten suhlte. Oder dort etwas Unanständiges und bei Hunden leider ab und zu Vorkommendes veranstaltete und so bei dem Laptop einen Kurzschluss erzeugte. Wie auch immer, einschlafen durfte man als Richter jedenfalls nicht, egal was passierte, selbst wenn es noch so langweilig wurde. Kam später bei einer Revision heraus, dass ein Richter während der Verhandlung ein Nickerchen gehalten hatte, hatte er nicht an der gesamten Hauptverhandlung teilgenommen, jedenfalls nur physisch. Das Gericht war dann nicht ordnungsgemäß besetzt und die Hauptverhandlung musste wiederholt werden. Eine Katastrophe! Allerdings war die Beweislast für solch ein richterliches Einschlafen sehr hoch. Dem Bundesgerichtshof zufolge konnte man dies keinesfalls allein daraus schließen, dass der Richter die Augen längere Zeit geschlossen hatte. Dies sei vielmehr ein Ausdruck höchster Konzentration!

Herr Leisten gab sich in der Verhandlung betont ruhig und sachlich. Ab und an wies er eine Frage des Verteidigers zurück, der daraufhin einen Beschluss aller Richter verlangte und manchmal Ablehnungsanträge folgen ließ. Jedes Mal mussten wir aufstehen und uns ins Beratungszimmer zurückziehen, um einen Beschluss vorzubereiten. Später hörte ich mal, dass man das im Verteidigerjargon als »die Richter springen lassen« bezeichnete. Und wer einmal an einem Körperspracheseminar (nach Samy Molcho) teilgenommen hatte, konnte an der krampfhaft geballten linken Hand von Herrn Leisten (sie wird beim Rechtshänder von der für Gefühle zuständigen rechten Gehirnhälfte gesteuert) seine unterdrückten Aggressionen erkennen.

Endlich, nach fünf Verhandlungstagen, konnte der erste Zeuge entlassen werden. Das hieß natürlich nichts, denn da warteten noch vier weitere Zeugen auf ihre Vernehmung. Dr. Waske beantragte nun einen verbindlichen Zwischenbescheid des Gerichts, dass alle Beweismittel, die im Anschluss an die illegale Wohnungsdurchsuchung erlangt worden waren, also auch die Zeugenaussagen der Polizeibeamten über die geständigen Angaben des Mehmet Z., unverwertbar seien. Dem war natürlich nicht so, sonst hätte das Gericht die Hauptverhandlung erst gar nicht eröffnet. Wo keine Beweise vorhanden sind, da ist auch keine Verurteilung wahrscheinlich. Jedoch nur im letzteren Falle kommt es zu einem Hauptverfahren.

Ich sprach beim Mittagessen mit Herrn Leisten über das Beweisverwertungsverbot und den Antrag von Dr. Waske. War es bei mehreren Beweismitteln nicht schwierig, einzelne (die nicht verwertet werden durften) wegzudenken und die übrigen Beweise isoliert zu würdigen? Spielte die Kenntnis von weiteren, wie hier oft eindeutigen Beweisen nicht zumindest im Hinterkopf eine Rolle? Ja, das sei so eine Sache mit den Verwertungsverboten, erwiderte Herr Leisten. Verwerten dürfe man diese Beweise nicht, aber so richtig vergessen könne man sie auch nicht.

Nach der Pause wiesen wir den Antrag auf einen verbindlichen Zwischenbescheid über die Reichweite des Beweisverwertungsverbots zurück. In der Strafprozessordnung gibt es keine Grundlage für einen entsprechenden Anspruch der Verteidigung und es widerspricht auch der grundsätzlichen Konzeption eines Strafverfahrens, dass sich das Gericht bei einzelnen Fragen schon vor der abschließenden Urteilsberatung festlegt. Dr. Waske war natürlich entrüstet und ließ uns wieder »springen«. Zunächst mussten wir über seine Gegenvorstellung entscheiden. Als wir sie abschlägig beschieden, stellte er einen Befangenheitsantrag gegen uns Richter. Bevor wir uns zurückzogen, fragte ich spontan und entnervt, wo denn das Problem liege. Über diese Frage müsse doch im Urteil ohnehin entschieden werden und die Verteidigung könne gegebenenfalls Berufung oder Revision einlegen, wenn sie abweichende Rechtsansichten vertrete. Prompt handelte ich mir einen weiteren Befangenheitsantrag ein, der darauf zielte, dass ich mich schon vor Ende der Beweisaufnahme und der abschließenden Beratung auf eine Verurteilung festgelegt hätte. Was Dr. Waske im Hinblick auf einen Freispruch aber merkwürdigerweise durch einen verbindlichen Zwischenbescheid von uns zu erwarten schien. Natürlich hatte ich mir bereits eine Meinung zu der Frage der Schuld gebildet, aber sie war noch nicht endgültig und weitere Ereignisse in der Hauptverhandlung und der abschließenden Beratungsdiskussion konnten unter Umständen zu einer anderen Einschätzung führen. Das wurde auch durch das »gegebenenfalls« in meiner Äußerung deutlich. Der Befangenheitsantrag wurde von den anderen Richtern (ich durfte natürlich nicht mit abstimmen) zurückgewiesen. Herr Leisten ermahnte mich hinterher, bloß keine spontanen Äußerungen mehr zu machen. Auch wenn es mit bester Absicht geschehe, könne man sich um Kopf und Kragen reden. Er hatte recht. Vor allem geht es bei der Frage der Befangenheit nicht darum, wie eine Äußerung oder ein Verhalten wirklich gemeint war, sondern es reicht, wenn bei einem verständigen Angeklagten der Eindruck der Befangenheit entstehen kann. Ist ein Befangenheitsantrag erfolgreich, darf dieser Richter nicht mehr mitwirken und das Gericht ist nicht mehr ordnungsgemäß besetzt. Einen Ergänzungsrichter hatten wir nicht, sodass der Prozess erneut hätte von vorn beginnen müssen. Das durfte selbstverständlich nicht passieren. Herr Leisten meinte lächelnd, als Strafrichter müsse man vor allem eines lernen, nämlich ruhig zu bleiben. Man könne sich dann bei der Urteilsbegründung »austoben«.

Große Erwartungen

Da saß ich nun in dem Strafprozess gegen Sedat C., Umar K. und Mehmet Z. und hatte gelernt, dass man einen Strafverteidiger kaum stoppen kann, egal was für unsinnige Fragen – aus richterlicher Sicht – er an Zeugen stellte oder ob er die Zeit durch abwegige Anträge verstreichen ließ. Nach quälenden Tagen, Wochen und Monaten auf dem Richterstuhl möchte man aufspringen und den Verteidiger mal ordentlich durchrütteln und fragen: »Junge, ist mit dir alles in Ordnung?« Stattdessen muss man brav sitzen bleiben und alles über sich ergehen lassen. In amerikanischen Filmen lässt dann häufig der Richter seinen gewaltigen Hammer knallen und weist den Staatsanwalt oder Verteidiger mit markigen Worten in die Schranken. Diese Methode versagte in den deutschen Gerichtssälen – nicht nur, weil hier kein Hammer mehr zu finden ist. Sie konnte auch nicht funktionieren, wenn man die Strafprozessordnung einhalten wollte und es ein Verteidiger wie Dr. Waske darauf anlegte, das Verfahren nach seinem Belieben in die Länge zu ziehen.*

* Es existiert ein beeindruckendes Buch ›Die gestörte Hauptverhandlung‹ (gerade in neuer Auflage erschienen), das ein Sammelsurium von absurden Situationen im Strafprozess mit Lösungsvorschlägen enthält (beim Lesen möchte man abwechselnd lachen oder weinen). Es könnte auch heißen ›Der ganz normale Wahnsinn in der Strafverhandlung‹. Ein Kapitel zum »ewig fragenden Verteidiger« fehlt leider – wahrscheinlich, weil es dafür keine Lösung gibt.

Plötzlich überraschte uns Dr. Waske doch noch. Freudestrahlend bat er nach zwei Monaten um Verlegung des nächsten Hauptverhandlungstermins aufgrund persönlicher Umstände. Er ließ erkennen, dass in ihm kurzfristig der Wunsch nach einer Heirat entstanden war. Für diesen ungewöhnlichen Fall stimmten wir natürlich gern einer Terminverlegung zu. Nicht ohne den Hintergedanken, dass er uns dafür mit einer Eingrenzung seiner unendlich erscheinenden Zeugenbefragungen etwas entgegenkommen würde. Dass auch er ein Einsehen haben würde. Später im Richterzimmer meinte Herr Leisten, das mit dem Heiratswunsch sei schon eine seltsame Sache. »Wieso?«, fragte ich achselzuckend, »so etwas passiert doch häufiger.« Herr Leisten erklärte, das komme der Sache näher, als ich mir vorstellen könne. Er habe früher schon einmal einen Prozess geführt mit Dr. Waske als Verteidiger. Ich war ziemlich geplättet. Das hatte Herr Leisten bisher noch gar nicht erwähnt.

Auch dieses Verfahren habe sich in die Länge gezogen, allerdings nicht so extrem. Mit einer Rechtsanwältin, die einen Nebenkläger vertrat, und dem Staatsanwalt habe sich Dr. Waske die ganzen Verhandlungstage über dermaßen gezofft, dass die Fetzen nur so flogen. Furchtbar sei das gewesen. Einen Tag nach dem Prozess standen Dr. Waske und die Rechtsanwältin bei ihm im Richterzimmer. Er sollte ihr Trauzeuge werden. Herr Leisten lehnte dankend ab. Es gab Gerüchte, die Ehe habe dann auch nur einen Tag gehalten.

Mir wurde leicht schwindlig. Es heißt zwar »was sich liebt, das neckt sich«, aber dieses Verhalten erschien mir doch reichlich irrational. Dr. Waske wirkte auf mich unberechenbar. Die Frage war nur, was er in unserem Prozess vorhatte? Ich hielt zumindest an der Hoffnung fest, dass sich durch die Heirat an Dr. Waskes Gebaren etwas ändern würde. Vielleicht waren ja baldige Flitterwochen geplant, sodass ein Prozessende winkte?

Diese Erwartungen wurden jedoch bitter enttäuscht. Am ersten Verhandlungstag nach der Hochzeit ging alles weiter wie gehabt. Dr. Waske saß hinter seinem Laptop, stellte Frage um Frage, während er die Dokumente auf seinem Bildschirm hoch und runter scrollte. Als ich sein unbewegtes Gesicht sah, fragte ich mich unwillkürlich, ob auch diese Heirat schon wieder Geschichte war. In seinem Auftreten war keine Stimmungsaufhellung zu erkennen.

Mittlerweile kam mir dieser Prozess fast unwirklich vor. Unbestreitbar Realität, aber seltsam verdreht, gebrochen, als schaue man durch ein Prisma. So wie der Angeklagte in Kafkas ›Prozess‹, der trotz aller Bemühungen nicht erfahren kann, was ihm überhaupt vorgeworfen wird, und auch hinsichtlich der Durchführung des Prozesses völlig im Dunkeln tappt, kreiste das Gericht in dem juristischen Kosmos des Dr. Waske, ohne den Sinn und das Ende seiner Befragungen erkennen zu können.

Verteidiger mit richterlichem Empfehlungsschreiben

Herr Leisten hatte für Ende November einen weiteren Prozess anberaumt, der parallel verhandelt werden sollte. Pro Woche war je ein Sitzungstag für den Drogenprozess mit Dr. Waske und einer für dieses neue Strafverfahren vorgesehen. »Das hält ja sonst keiner aus!«, meinte Herr Leisten. In seiner dreißigjährigen Richterlaufbahn am Strafgericht hatte er es bisher noch nie erlebt, dass ein Verteidiger es ohne erkennbaren Grund darauf anlegte, mit derart anhaltendem Gefrage einen Prozess scheinbar endlos in die Länge zu ziehen. Das hatte er mir bereits mehrfach erklärt.

In dem neuen Fall ging es um die Betreiber einer Investmentfirma, die Anleger mit vollmundigen Versprechen, was Sicherheit und Rendite anging, zu gewagten Spekulationen veranlasst haben sollten. Auch die Höhe der Provisionen spielte eine Rolle, wobei der Vorwurf auf gewerbsmäßigen Betrug lautete. Eine große Anzahl von Anlegern hatte einen beachtlichen Vermögensschaden erlitten und der Fall roch eigentlich nach einer hohen Strafe. Die Ermittlungsakte war jedoch alt, sie enthielt mehrere Gutachten von Wirtschaftsreferenten, die offensichtlich auch viele andere Fälle zu bearbeiten hatten, sodass die Staatsanwaltschaft lange darauf hatte warten müssen. Jetzt, nach vielen Jahren des Ermittelns, in denen die Angeklagten mit dem Verfahren leben mussten, gab der Fall jedenfalls keine Straferwartung mehr her, die zu einer Verhandlung vor dem Landgericht geführt hätte. Die Wertpapierfirma war mittlerweile insolvent und die drei ehemaligen Inhaber wehrten sich gegen den Vorwurf persönlicher strafrechtlicher Verfehlungen.

Zusammen mit den Angeklagten und deren Verteidigern hörten wir ehemalige Mitarbeiter der Firma und geschädigte Anleger zu den einst gemachten Versprechen und dem, was hinterher wirklich mit dem Geld passierte. Oft waren das zwei völlig unterschiedliche Dinge. Die Verteidiger gingen auffallend sachlich vor. Ihre Fragen an die Zeugen waren präzise und knapp. Häufig ertappte ich mich bei dem Gedanken »Ach, stimmt ja, das haben wir noch gar nicht gefragt« oder »Das ist in der Tat interessant«. Sie wirkten sehr kompetent und schienen über den Akteninhalt genau informiert. Ich wusste, dass gerade in Wirtschaftsstrafverfahren neben guten Kenntnissen eine Menge Arbeit erforderlich war. Herr Leisten erklärte mir in einer Pause, dass die drei Verteidiger aus bekannten Nischenkanzleien des Wirtschaftsstrafrechts kamen. Sie seien sicher nicht billig, aber in ihren Spezialgebieten sehr gut. Herr Leisten nannte einen der Verteidiger, mit dem er schon mehrere Prozesse verhandelt hatte, und meinte, dass er ihn mandatieren würde, wenn er selbst angeklagt wäre. Ich überlegte, ob das wirklich eine Empfehlung für einen Strafverteidiger sein konnte, wenn sie von einem Strafrichter kam. Stand nicht die angenehme Verhandlungsatmosphäre im Vordergrund, die Herr Leisten mit diesem Anwalt erlebt hatte? Erschien die Vorstellung nicht altmodisch, dass Richter, Staatsanwalt, Verteidiger und Angeklagter gleichsam an einem runden Tisch saßen und in konstruktiver Weise um das Recht rangen?

Andererseits, was brachte dieses Herumgeschreie mancher Verteidiger im Gerichtssaal oder das an Beleidigung grenzende Anfauchen der Zeugen und anderer Prozessbeteiligter? Einige Verteidiger sind auch mal »bockig« und verlassen türknallend den Sitzungssaal. Handelt es sich um einen Fall, für den die Strafprozessordnung einen Verteidiger zwingend vorsieht, kann das Gericht die Hauptverhandlung erst dann fortsetzen, wenn der Verteidiger wieder kommt oder ein neuer Verteidiger gefunden ist. Häufig beantragt der dann eine Aussetzung des Verfahrens, um sich erst mal einzuarbeiten. Sicher macht ein solches Gehabe zunächst Eindruck auf den Mandanten – wie sein Verteidiger dem Gericht »die Leviten liest« –, vielleicht auch auf die anwesende Presse. Aber Herr Leisten war nicht von der Presse und wusste, worauf es wirklich in einem Strafprozess ankommt, wie die Waage der Justitia zugunsten eines Angeklagten geneigt werden kann: wenn die Verteidigungsstrategie auf harten Fakten und umfassender Sach- und Aktenkenntnis beruhte. Das schmückende Hauptverhandlungsbeiwerk vieler Verteidiger spielte da überhaupt keine Rolle.

Als wir am vierten Verhandlungstag in unseren Gerichtssaal schritten, bekam ich den Beweis dafür, dass Herr Leisten mit seiner Einschätzung des Verteidigers recht hatte. Bevor die Beweisaufnahme fortgesetzt wurde, trat er an unsere Richterkanzel und meinte, dass er in der Kanzlei noch mal den gesamten Ermittlungsvorgang (sieben dicke Bände) durchgeackert habe. Die Sache sei verjährt. Ich sah erschrocken zu Herrn Leisten hinüber, der auch überrascht wirkte. Wir baten die für heute vorgesehenen Zeugen, draußen vor dem Sitzungssaal zu warten, und gingen ins Beratungszimmer, wo die erstaunten Schöffen sahen, wie wir uns im Eiltempo durch die Strafakten wühlten. Die Verjährungsfrist betrug fünf Jahre, die bereits verstrichen waren. Allerdings kann diese Frist unterbrochen werden, beispielsweise bei Beauftragung eines Sachverständigen, Erlass eines Durchsuchungsbeschlusses oder richterlicher Vernehmung des Beschuldigten. Danach beginnt sie wieder von vorne zu laufen. Wir mussten also innerhalb der letzten fünf Jahre eine solche Unterbrechungshandlung finden. Was nicht der Fall war. Wir gingen die Ermittlungsakten ein zweites Mal durch und sahen uns schließlich verzweifelt an. Der Verteidiger hatte recht, wir verhandelten und vernahmen Zeugen in einer Strafsache, die aufgrund der bereits eingetretenen Verjährung gar nicht mehr verfolgt werden durfte.

Nachdem wir in den Sitzungssaal zurückgekehrt waren, erklärte Herr Leisten, dass er tatsächlich keine relevante verjährungsunterbrechende Handlung in den Akten finden könne und unter diesen Umständen die weiteren Zeugen nicht vernehmen werde. Er kündigte an, beim nächsten Termin aller Voraussicht nach ein entsprechendes Urteil zu erlassen. Die Verteidiger boten nun an, einer Verfahrenseinstellung gegen eine geringe Geldbuße zuzustimmen. Das Gericht hätte das Hauptverfahren eigentlich nie eröffnen dürfen, und so sei die Peinlichkeit unauffällig aus der Welt geschafft. Der Staatsanwalt stimmte zu. Immerhin mussten die Angeklagten in diesem Falle neben der kleineren Geldbuße ihre Verteidigerkosten selbst tragen. Wir zogen uns ins Beratungszimmer zurück, wo wir die Akten ein letztes Mal durchgingen. Dann wurde das Verfahren eingestellt.

Ob die Verteidiger wirklich so großzügig waren und uns die »Peinlichkeit« eines Freispruchs ersparen wollten, bei dem das Gericht einen vorherigen Prüfungsfehler einräumen hätte müssen, war zweifelhaft. Vielleicht wollten sie die Sache auch gleich vom Tisch haben. Bis zum nächsten Termin (wo der Freispruch erfolgen sollte) waren es noch ein paar Tage, und wenn Richter intensiv etwas in umfangreichen Akten suchen, kommt es immer wieder vor, dass sie selbst nach längerer Zeit fündig werden. Einer solchen negativen Überraschung wollten die Verteidiger mit der sofortigen Einstellung zumindest auch vorbeugen.

Wir waren in keiner Weise sauer auf den Verteidiger, etwa weil er uns den Fall zerstört hatte. Wir wollten nach Recht und Gesetz urteilen und bewunderten ihn, weil er genauer hingesehen hatte als wir und uns vor einem Fehlurteil bewahrt hatte.

Abschied auf Raten

Nach fast einem Jahr beim erweiterten Schöffengericht war es Zeit für einen Stationswechsel. Der zuständige Referent erklärte mir, beim Amtsgericht Charlottenburg sei eine Zivilprozessabteilung zu besetzen. Zum 1. Januar könne der Wechsel erfolgen. Nur leider gebe es da noch dieses Strafverfahren, das sich »unkalkulierbar« in die Länge ziehe, wie ihm Herr Leisten berichtet habe. Mir war natürlich klar, dass ich aus diesem Prozess nicht herauskam. Andererseits wollte ich mich endlich als Richter im Zivilprozess probieren. Ich hoffte, später, nach meiner Ernennung als Richter auf Lebenszeit, in diesem Bereich eingesetzt zu werden. Also schlug ich vor, zum 1. Januar ans Zivilgericht zu wechseln und für diesen einen Strafprozess zum Strafgericht rückabgeordnet zu werden. Der Referent meinte, dass da aber eine ganze Menge an zusätzlicher Arbeit auf mich zukomme. Ob ich mir das denn zutraue. Schließlich befand er lächelnd, dass der Strafprozess ja nicht mehr ewig dauern könne, und stimmte zu.

Herr Leisten hatte an dieser Regelung nichts auszusetzen, meinte nur, dass er natürlich nicht sagen könne, wann dieser Prozess zu Ende sei.

So kam ich also ab Januar jeden Montag für meinen »Zweitjob« ins Kriminalgericht, um den weiteren Fragen und Ausführungen des Verteidigers Dr. Waske beizuwohnen.

Wir hatten mittlerweile deutlich über zwanzig Verhandlungstage hinter uns, in einem Prozess, für den der erfahrene Richter Leisten ursprünglich drei bis vier Tage veranschlagt hatte. Drei der fünf vorgesehenen Zeugenvernehmungen waren bewältigt. Ein freudloses Bergfest. Näheres über die Vorwürfe gegen die zwei Polizeibeamten, Masut P. und Ismail B., die eine rechtswidrige Durchsuchung der Wohnung von Mehmet eingeleitet hatten und möglicherweise selbst ins Drogengeschäft verwickelt waren, wussten wir nicht. Dr. Waske hatte alles Erdenkliche probiert, um sie indirekt zum Gegenstand des Verfahrens zu machen. Er forderte, im Hinblick auf die Glaubwürdigkeit der Zeugen diese Ermittlungsakten beizuziehen. Wir hatten dem aber nicht entsprochen. Es konnte sein, dass die Zeugen »Dreck am Stecken« hatten, aber das änderte aus unserer Sicht nichts an dem, was den Angeklagten vorgeworfen wurde. Unter Berücksichtigung der übrigen (verwertbaren) Beweismittel hatten wir keine Zweifel, dass die Angaben der Zeugen in unserem Verfahren der Wahrheit entsprachen. Und nur darauf kam es an.

Mitte Januar, während der Vernehmung des vierten Zeugen, hatte dann auch Dr. Waske herausbekommen, dass ich an ein Zivilgericht gewechselt war, und rügte die fehlerhafte Besetzung des Gerichts. Es gehe nicht, einen für eine Zivilprozessabteilung zuständigen Richter an einem Strafverfahren teilnehmen zu lassen. Der Richter könne sich nicht ausreichend auf die Strafverhandlung konzentrieren.

Wenn ein ordnungsgemäßer Beschluss über den Geschäftsverteilungsplan vorliegt, führt so ein Einwurf natürlich zu nichts. Dann ist der Richter eben zuständig, egal ob er viel zu tun hat oder nicht. Der Antrag wurde abgelehnt, was zu heftigen Äußerungen, Gegenvorstellungen und neuen Ablehnungsgesuchen führte. Die Zeit plätscherte dahin. Zeit, die ich für mein zivilrechtliches Dezernat gut hätte gebrauchen können, denn die Arbeitsbelastung dort nahm mit der Zahl der Sitzungen und den anstehenden Urteilen zu. Auch waren diese Fälle nicht so ganz einfach, weil sich das Zivilrecht in unglaublich viele Untergebiete aufteilt, für die jeweils spezielle Gesetze und eine eigene Rechtsprechung gelten.

In einem meiner ersten Verfahren ging es um Bestattungsrecht. Eine ältere Dame war einsam in Berlin verstorben. Es tauchten keine Verwandten auf, die sich um die Beerdigung kümmerten. Nach Berliner Landesgesetz wird dann das Bezirksamt tätig und beauftragt einen Bestattungsunternehmer. Etwa binnen zwei Wochen muss in Deutschland die Bestattung durchgeführt werden. Der Bestattungsunternehmer kleidete die Leiche in ein Leichengewand, bettete sie in einen Sarg und brachte sie in das Krematorium Berlin-Ruhleben. Das Bezirksamt kann sich nach dem Bestattungsgesetz die Kosten von dem nächsten Angehörigen zurückholen, auch wenn er das Erbe ausgeschlagen hat. Der einzige noch lebende Verwandte war ein entfernt wohnender Enkel, der auf das Anschreiben des Bezirksamtes nicht reagiert hatte. Kurz nach der Überführung der Leiche ins Krematorium Berlin-Ruhleben entschied sich der Enkel dann doch, für die Beerdigung zu sorgen. Er beauftragte eine Firma, die auf diesem von Pietät und zurückhaltender Seriosität geprägten Markt durch besondere Hervorhebung des Preis-Leistungs-Verhältnisses auffiel. Das Unternehmen »Sarg-Rabatt« musste nun zur Kenntnis nehmen, dass bezüglich der Beisetzung eigentlich schon fast alles gelaufen war. Schnell fuhren die Mitarbeiter zum Krematorium Berlin-Ruhleben, entkleideten die Leiche der alten Dame, zogen ihr ein neues Gewand an und betteten sie in den eigenen Sarg um. Dann ging es zum Krematorium Berlin-Baumschulenweg, wo die Einäscherung stattfand.

In meinem Prozess kam das alles auf den Tisch, weil der vom Bezirksamt beauftragte Unternehmer nun seine Unkosten von dem Enkel erstattet haben wollte. Er habe zwar keinen Auftrag von ihm gehabt, aber letztlich doch sein Geschäft besorgt. Der Enkel wollte aber nicht zahlen und verwies auf die beglichene Rechnung von »Sarg-Rabatt«. Was nun? Ich versuchte in der mündlichen Verhandlung den Beklagten zur Zahlung zu bewegen, da er zumindest dem Bezirksamt gegenüber nach dem Bestattungsrecht dazu verpflichtet sei. Er hatte ja die Beauftragung durch das Bezirksamt verschuldet. Es sei nur eine Frage der Zeit, bis das Bezirksamt den hiesigen Kläger bezahlen und dann bei ihm Rückgriff nehmen werde. Da könne er auch gleich zahlen. Und über die Kosten des Rechtsstreits könne man sich bestimmt einigen.

Wenn das für den Leser kompliziert klingt, liegt es daran, dass es auch so ist. Bei Beerdigungen kann (aus juristischer Sicht) einiges schieflaufen. Was ist, wenn der falsche Friedhof oder ein zu großer Grabstein gewählt wurde oder der bestellte Künstler bei der Beerdigungsfeier die falsche Liedversion spielt (weitere Highlights aus der Praxis)? Ich gab mir Mühe, in der Verhandlung eine Einigung zu erzielen, und musste mich erst wieder daran gewöhnen, so viel mit den Rechtsanwälten zu reden. Das mündliche Verhandeln fiel mir nicht leicht, da ich in dem Jahr beim Strafgericht fast nur geschwiegen hatte. Der Rechtsanwalt des Beklagten verstand mich nicht oder wollte es zumindest nicht – naturgemäß ist der Beklagte nicht besonders begeistert, wenn der Richter anrät, den eingeklagten Betrag zu zahlen. Da es also keine Verständigungsmöglichkeit gab, nahm ich die Anträge auf und hatte nun drei Wochen Zeit, um ein Urteil zu schreiben. Schnell sammelte sich so ein Aktenberg mit Fällen an, in denen ich demnächst Urteile zu verkünden hatte.

Berufsrisiko

Wie lange ich noch mit Herrn Leisten in diesem Prozess festsitzen würde, malte ich mir lieber nicht aus. Aber das Ende kam dann doch recht plötzlich und aus einer unerwarteten Richtung. Sedat C., Umar K. und Mehmet Z. waren wegen unerlaubten Handels mit Betäubungsmitteln in nicht geringer Menge angeklagt. Die Mindeststrafe lag bei einem Jahr. Bei Mehmet lautete der Vorwurf nur auf Beihilfe. Würde man die Angeklagten als Mitglieder einer Bande sehen, läge die Mindeststrafe ungleich höher bei fünf Jahren. Dieser Unterschied im Strafmaß führte bei vielen Instanzgerichten dazu, dass sie an den Bandenbegriff sehr hohe Anforderungen stellten und ihn auch unterschiedlich auslegten. Ganz anders als im normalen Sprachgebrauch. Einige Gerichte verstanden darunter nur die organisierte Kriminalität internationaler Rauschgiftbanden, nicht aber die Zusammenschlüsse kleinerer Verkäufer. Andere meinten, jedes einzelne Bandenmitglied müsse einen bestimmenden Einfluss auf die Art und Weise der Rauschgiftgeschäfte haben. Wer lediglich mit kleineren Festbeträgen – unabhängig vom konkreten Drogengeschäft – entlohnt werde, zähle nicht als Bandenmitglied. In der Praxis war es sehr schwierig, einem Einzelnen hohe Gewinnbeteiligungen nachzuweisen. Wieder andere Gerichte meinten, eine Bande liege nur dann vor, wenn eine besonders sorgfältige Planung und Vorbereitung, zweckmäßige Arbeitsteilung und aufwendige Sicherung durch gegenseitige Kontrolle und gegenseitigen Schutz erfolge. Indizien dafür könnten eine gemeinsam genutzte Kasse sein, gemeinsam genutzte Fahrzeuge und so weiter. Das müsse im Prozess jeweils nachgewiesen werden.

Dies alles führte dazu, dass die bandenmäßige Verurteilung bei Drogendelikten sehr kompliziert und in der Praxis kaum erfolgversprechend erschien. Die Staatsanwältin hatte jedenfalls in der Anklage zu unserem Fall gar nicht erst den Vorwurf des Handelns als Bandenmitglied gemacht.

Auch der Bundesgerichtshof sah diese Probleme und versuchte den Bandenbegriff zu vereinfachen, da er für die Praxis »inhaltlich zu unbestimmt und unpräzise« sei. Er erhöhte zwar die Anzahl der notwendigen Mitglieder von zwei auf drei, ließ aber zusätzliche Anforderungen wie »gefestigter Bandenwille« und »Tätigwerden im übergeordneten Bandeninteresse« fallen, die in der Vergangenheit für viel Verwirrung bei den unteren Gerichten gesorgt hatten. Das Bundesgericht wollte das Merkmal »Handeln als Mitglied einer Bande« klarer und einfacher machen. Eines der neueren Urteile, die nun laufend veröffentlicht wurden, stellte ausdrücklich fest, dass für eine Bande zwar drei Personen nötig seien, einer oder zwei davon aber auch nur Beihelfer sein konnten. Unter Berücksichtigung dieser Neuerungen gewannen wir den Eindruck, dass der Bundesgerichtshof unseren Fall als geradezu typisches Beispiel für ein bandenmäßiges Handeltreiben mit Betäubungsmitteln ansehen würde. Es kommt ab und zu vor, dass das Gericht im Laufe eines Verfahrens durch neue Tatsachen oder eine Änderung in der obergerichtlichen Rechtsprechung zu der Überzeugung gelangt, nach einer strengeren Vorschrift bestrafen zu müssen. Das ist dann Pech für die Angeklagten. Machen können sie dagegen nichts. Es muss nur ein entsprechender rechtlicher Hinweis erfolgen. Wenngleich diese Strafverschärfung mit einer neuen Rechtsprechung des Bundesgerichtshofs in Zusammenhang stand, galt sie doch auch für Taten, die vor dieser Änderung begangen worden waren. »Berufsrisiko«, wenn man so will.

Für Freiheitsstrafen von mehr als vier Jahren aber waren wir nicht zuständig, dazu konnte nur die Große Strafkammer des Landgerichts Berlin verurteilen. Nach der Strafprozessordnung hatten wir die Möglichkeit, den Fall auch nach weit fortgeschrittener Verhandlung an die Große Strafkammer zu verweisen. Voraussetzung war, dass wir von der Schuld bereits fest überzeugt waren und keine Möglichkeit sahen, vielleicht doch mit einer Freiheitsstrafe von vier Jahren auszukommen. Immerhin hatten wir von den fünf vorgesehenen Zeugen mittlerweile vier gehört, und der letzte Zeuge ließ nach Aktenlage nur eine Wiederholung der Äußerungen von zwei anderen erwarten.

Wir berieten alles und entschieden uns, einen entsprechenden Verweisungsbeschluss zu erlassen. Ich sollte ihn für den nächsten Sitzungstag vorbereiten. Darin musste, wie in einem Urteil, unsere richterliche Überzeugung von der Schuld der Angeklagten im Hinblick auf ein bandenmäßiges Handeltreiben mit Betäubungsmitteln enthalten sein sowie die Höhe der Straferwartung und auch unsere Auffassung zur Weite des Beweisverwertungsverbotes wegen der rechtswidrigen Durchsuchung.

In der Sitzung erläuterten wir unsere Rechtsauffassung und Absicht, die Sache an das Landgericht zu verweisen. Wie die Verteidiger, insbesondere Dr. Waske, darauf reagieren würden, wussten wir natürlich nicht. Ich hatte insgeheim befürchtet, dass Dr. Waske uns nun mit wütenden Gegendarstellungen oder Ablehnungsgesuchen wegen Befangenheit überziehen würde. Oder sonst irgendetwas Unvorhersehbares unternehmen würde. Andererseits bedeutete dieser Beschluss, dass das Verfahren erneut (also zum dritten Mal) von vorn beginnen musste, diesmal vor dem Landgericht. Vielleicht kam dies seiner Verteidigerstrategie – die wir nie verstanden hatten – entgegen. Jedenfalls blieb er seltsam ruhig und ließ den Beschluss mit Begründung stumm über sich ergehen. Genauso wie die beiden anderen Verteidiger. Ich überlegte, ob sie in dem Verfahren überhaupt mal etwas gesagt hatten, konnte mich aber nicht daran erinnern. Dr. Waskes Zeugenvernehmungen ließen allerdings auch wirklich keine Fragen mehr offen. Allein die Angeklagten schauten beunruhigt zwischen dem Gericht und ihren Verteidigern hin und her.

Dann war die Beschlussbegründung zu Ende und damit auch meine Station als Strafrichter.

Der Karatekurs für Richter

Ob die Verteidiger mit dem Ausgang unseres Prozesses zufrieden waren oder nicht, konnte ich nicht sagen. Die Angeklagten waren es jedenfalls nicht, da bin ich mir ziemlich sicher. Ein paar Wochen darauf ging ich mit meiner Lebensgefährtin durch ein Einkaufscenter, das nicht weit entfernt vom einstigen Drogenrevier der Angeklagten lag. An den Fall dachte ich überhaupt nicht mehr. Plötzlich hörte ich, wie jemand hinter mir aufgeregt brüllte. Ich drehte mich um und erkannte den kräftig gebauten Umar K. mit seiner mesopotamischen Haarpracht wieder. Er versuchte sich wütend aus dem Griff von zwei Begleitern loszureißen und rief mir auf Arabisch etwas zu. Ich verstand kein Wort, aber es bedurfte keines Körperspracheseminars mit Samy Molcho, um zu wissen, was er vorhatte. Eilig entfernte ich mich mit meiner Freundin.

Eigentlich lebt man in einer Großstadt wie Berlin als Richter völlig anonym. Dass man einen Angeklagten oder eine Partei kennt, ist, anders als beim Dorfrichter Adam aus dem ›Zerbrochenen Krug‹ von Kleist, die absolute Ausnahme. Wahrscheinlich wirken die in schwarze Roben gehüllten Richter auf den Angeklagten wie ein paar nebeneinander auf einem Ast sitzende Kolkraben, die an seiner Straftat herumpicken. Aber wenn man über mehrere Monate zweimal pro Woche sechsstündige Sitzungen mit den

Angeklagten durchführt, prägen sich Gesichter wohl doch deutlicher ein. Außerdem trug ich in dem Einkaufszentrum eine lange schwarze Daunenjacke. Auch nicht besonders hilfreich, wenn man nicht erkannt werden will. Da konnte ich mir eigentlich auch gleich noch eine weiße Krawatte umbinden. Meine Freundin fragte mich erschrocken, ob ich jetzt knapp um eine Tracht Prügel herumgekommen sei. Ich wiegelte natürlich ab, aber eigentlich stimmte es. Tragen die englischen Richter diese langen Pferdehaarperücken auch deshalb, um außerhalb des Gerichtssaals nicht identifiziert zu werden?

Am nächsten Tag beschloss ich, meine frühere Idee wahr zu machen, und druckte mir ein Anmeldeformular aus. Der Karatekurs sollte in zwei Monaten stattfinden. »Bequeme Trainingskleidung und Turnschuhe sind mitzubringen«, hieß es dort. Zwar stand da nicht wirklich Karate, sondern irgendetwas von Eigensicherung. Aber jeder wusste natürlich, was gemeint war. Wir würden im Dojo mit unseren Roben in Halbkreisformation Aufstellung nehmen und unseren Meister empfangen, während im Hintergrund das Lied ›Everybody's Kung Fu Fighting‹ von Carl Douglas ertönte.

Es kam jedoch alles ganz anders. Ich erhielt eine Absage. Der Kurs war für zwanzig Teilnehmer vorgesehen und es hatten sich mehr als achtzig Kollegen gemeldet. Offensichtlich wollten auch andere Richter und Staatsanwälte für unerwartete Zusammentreffen mit ihren »Kunden« eine kleine Überraschung vorbereiten. Im Kursprogramm waren aber auch wirklich attraktive Punkte wie »Verteidigung mit Alltagsgegenständen« aufgelistet. Dabei dachte ich unwillkürlich an die schwere Gesetzessammlung mit dem roten Einband, die bei jedem Juristen im Zimmer steht und auch in Gerichtsshows immer zu sehen ist, den ›Schönfelder‹. Schon während des Jurastudiums nannten wir diese Gesetzbücher wegen ihres Gewichts »rote Ziegelsteine«. Mit dem konnte man bestimmt gut werfen. Gesetzesbelehrungen ganz eigener Art.

Das Ende

Viele Monate später hörte ich, dass das Landgericht Berlin die Angeklagten in dem Drogenprozess zu Freiheitsstrafen von deutlich weniger als fünf Jahren verurteilt hatte. Entweder hatte das Landgericht das Vorliegen einer Bande verneint oder einen minder schweren Fall angenommen, der zu einer Strafmilderung berechtigte. Genau habe ich es nie erfahren. Mit Dr. Waske mussten sich die Richter bei der Großen Strafkammer jedenfalls nicht mehr herumschlagen. Er hatte kurz nach unserem Verweisungsbeschluss sein Mandat niedergelegt. Möglicherweise lag es an der Unzufriedenheit des Mandanten mit dem bisherigen Prozessverlauf oder ihm war schlicht das Geld für das weitere Verteidigerhonorar ausgegangen.

Gerichtswachtmeister Raabe hat den Angriff des Häftlings überlebt, kehrte aber nicht mehr in den aktiven Dienst zurück. Ob er inzwischen seine Reise nach Kanada antreten konnte, weiß ich nicht. Ich denke häufiger an ihn, vor allem wenn ich durch den Eingangsbereich meines jetzigen Amtsgerichts gehe. Dort hängen zwei große Plakate, auf denen für den Dienst als Gerichtswachtmeister geworben wird. »Lieber live dabei« steht in großen Buchstaben darüber. »Erlernen Sie einen spannenden juristischen Beruf und schauen Sie mit uns in eine sichere Zukunft.« Darunter sind zwei junge Wachtmeister zu sehen, die mit frisch gebügelten

Hemden in die Kamera lächeln, während sie einen Angeklagten aus dem Gerichtssaal abführen. An der Einrichtung des Saales erkennt man das Kriminalgericht Moabit, ich meine sogar, dass es der Saal 101 sein könnte, in dem Herr Raabe früher arbeitete. Der ältere bärtige Angeklagte hat Handschellen an, schaut reumütig zu Boden und wirkt lammfromm. Nichts zu spüren von der wilden Verzweiflung eines frisch Verurteilten, der in den beklemmenden Zellentrakt der Justizvollzugsanstalt Moabit abgeführt werden soll. Die Bilder signalisieren ganz klar eine heile und saubere Welt. Alles das, was Moabit nie sein kann.

Nachwort

Alle Fälle und Begebenheiten dieses Buches haben sich so ereignet. Lediglich Namen und Tatorte wurden verändert. Soweit es um das geschilderte Innenleben des Drogenhändlers Sedat und seine Gespräche mit dem Verteidiger Dr. Waske geht, habe ich mich um eine naheliegende Interpretation bemüht. Gleiches gilt für die suspendierten Polizisten und Hauptbelastungszeugen Masut P. und Ismail B. Was aus den Ermittlungsverfahren gegen sie wurde, ist mir nicht bekannt. Manchmal ist an solchen Vorwürfen gar nichts dran und sie werden nur erhoben, um Störfeuer in laufende Ermittlungen oder Gerichtsverfahren zu bringen. Aber oft liegt die Wahrheit in der Mitte, so wie ich es im Buch dargestellt habe. Kein Drogenhandel oder Verkauf von Informationen seitens der Beamten, aber eigener Konsum und auch übersteigerter Verfolgungseifer.